Jana Abandowitz

Ulrike Wotka

55 Stundeneinstiege Latein

einfach, kreativ, motivierend

Auer

Text- und Bildquellen:

S. 14: Orakel von Delphi: Textauszug aus dem Buchtitel „Campus Grundkurs Latein" Ausgabe C. – Band 3/S. 31
S. 53: Karte © Peter Hermes Furian, fotolia.com

Gedruckt auf umweltbewusst gefertigtem, chlorfrei gebleichtem und alterungsbeständigem Papier.

3. Auflage 2018
Nach den seit 2006 amtlich gültigen Regelungen der Rechtschreibung

Umschlagfoto: Fotolia
Illustrationen: Steffi Aufmuth, Corina Beurenmeister, Julia Flasche, Carmen Hochmann, Steffen Jähde, Thorsten Trantow, Bettina Weyland
Satz: krauß-verlagsservice, Ederheim/Hürnheim
Druck und Bindung: Franz X. Stückle Druck und Verlag, Ettenheim
ISBN 978-3-403-**07694**-0

www.auer-verlag.de

Omne initium difficile non est.

Von der Sinnhaftigkeit einer Motivationsphase zu Beginn einer Unterrichtsstunde müssen wir sicher keine Kollegin und keinen Kollegen überzeugen. Kurz gesagt dient sie dazu, den Schüler[1] geistig zu „erfrischen", ihm eine Möglichkeit zu geben, im Lateinunterricht „anzukommen" und ihn darauf vorzubereiten, was im weiteren Verlauf erarbeitet werden soll.

Alle in diesem Buch vorgestellten Stundeneinstiege dauern maximal zehn Minuten und sind von uns im Unterricht erprobt. Sehen Sie die 55 Ideen als Anregungen, stöbern Sie, probieren Sie aus – nicht jeder Einstieg wird in jeder Klasse in derselben Form gelingen; dafür entwickeln Sie mit den Schülern vielleicht den ein oder anderen Einstieg weiter. Und mit einer gewissen Übung können einige Ideen auch von den Schülern selbst vorbereitet und übernommen werden.

Manche Anregungen werden Ihnen aufgrund Ihres eigenen Erfahrungsschatzes oder aus der einschlägigen Literatur in dieser oder ähnlicher Form bekannt vorkommen. Wir sehen dieses Buch als Fundgrube, die vor allem während der Unterrichtsvorbereitung durch schnelles Nachschlagen mit wenig Zeitaufwand dazu anregen soll, etwas Neues zum ersten Mal oder bereits Bekanntes wieder auszuprobieren.

Der Aufbau der Handreichung

Wir haben die Stundeneinstiege in fünf Kategorien eingeteilt: **Wortschatz, Grammatik, Umgang mit Texten, Hintergrundwissen** und *Quid ad nos?*. Der letzte Bereich, dessen Ziel es ist, einen Bezug zur Lebenswelt der Schüler herzustellen, trägt der Frage nach dem unmittelbaren Nutzen der alten Sprachen Rechnung.

Bei jeder Methode wird die ungefähre **Dauer** der Durchführung in der beschriebenen Art und Weise angegeben, gekennzeichnet durch eine Sanduhr:

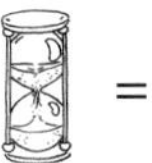 = Dauer

Außerdem finden Sie oben auf jeder Seite, für welches **Sprachniveau** uns der jeweilige Einstieg als geeignet erscheint. Das einfache Sprachniveau bezieht sich dabei auf die Anfangsphase des Spracherwerbs; das mittlere Sprachniveau auf den fortgeschrittenen Spracherwerb. Das hohe Sprachniveau setzen wir ab der Lektüre von Originaltexten an.

[1] Aufgrund der besseren Lesbarkeit ist in diesem Buch mit Schüler auch immer Schülerin gemeint, ebenso verhält es sich mit Lehrer und Lehrerin etc.

Für die **Voraussetzungen** eines Einstiegs wird ein Ausrufezeichen verwendet:

= Voraussetzungen

Das benötigte **Material** kennzeichnet ein Block mit Stift:

= Material

Hierzu noch ein Hinweis: Nachdem der Overhead-Projektor sowie die klassische Tafel nach wie vor an den meisten Schulen die vorherrschenden Unterrichtsmedien sind, haben wir diese bei Bedarf angegeben. Natürlich kann die Tafel aber durch ein White- oder Smartboard, der Tageslichtprojektor durch eine Dokumentenkamera ersetzt werden.

Zum leichteren Wiederauffinden bestimmter Stundeneinstiege sind im **Index** am Ende des Buches alle Stundeneinstiege in alphabetischer Reihenfolge aufgelistet.

Als der griechische Philosoph Platon sagte „Der Anfang ist der wichtigste Teil der Arbeit.", hat er vermutlich nicht den Beginn einer Lateinstunde gemeint. Da das Erlernen der lateinischen Sprache aber zweifellos mit viel Arbeit und Fleiß verbunden ist, kann ein interessanter Einstieg in die Stunde einen großen Beitrag zur Aufrechterhaltung der Motivation und Anstrengungsbereitschaft der Schüler leisten.

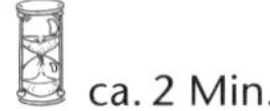

Schüler kennen die verwendeten Vokabeln.

Folie mit vorbereiteter Wörterschlange

Durchführung:

- Der Lehrer zeigt die Folie mit fortlaufend aneinandergereihten Vokabeln (= Wörterschlange).
- Die Schüler versuchen, die Wörter zu erraten.
- Bei der anschließenden Besprechung werden jeweils noch die deutschen Bedeutungen ergänzt.

Beispiel:

Weitere Hinweise:

Der Schwierigkeitsgrad kann erhöht werden, indem man einzelne Buchstaben (-folgen) als Füllsel zwischen die Vokabeln stellt, deklinierte Substantiv- bzw. konjugierte Verbformen verwendet oder die komplette Schlange rückwärts gelesen werden muss.

Die Wortreihe ist zudem eine gute Möglichkeit, die Betonung der Vokabeln zu üben.

An dieser Stelle bietet sich noch der Hinweis an, dass die Texte in römischer Zeit nicht weit von der Wörterschlange entfernt waren, d. h. ohne Punkt und Komma fortlaufend geschrieben wurden.

1.2 Kammrätsel

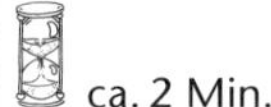

Schüler verfügen über einen gewissen Wortschatz.

Tafel oder Folie

Durchführung:

- Der Lehrer gibt eine längere Vokabel an der Tafel vor.
- Die Aufgabe der Schüler ist es, jeden Buchstaben des Wortes als Anfangsbuchstaben einer neuen Vokabel zu nutzen, sodass ein Kamm mit verschieden langen Zinken entsteht.
- Bei der anschließenden Besprechung werden jeweils noch die deutschen Bedeutungen ergänzt.

Beispiel:

P	R	O	P	E	R	A	R	E
R	I	P	R	S	A	G	E	Q
O	D	U	A	S	T	M	S	U
	E	S	E	E	I	E		U
	R				O	N		S
	E							

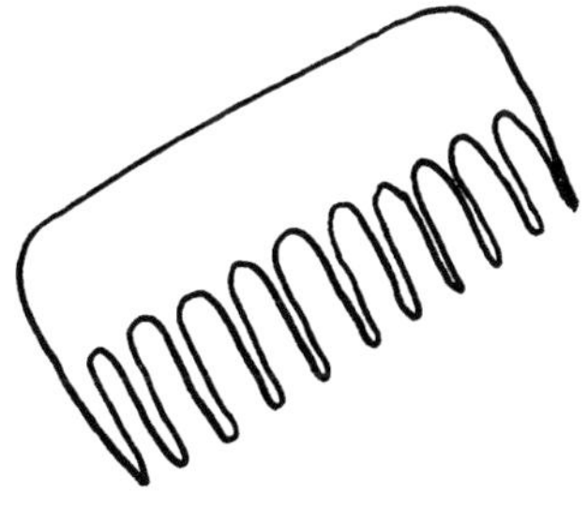

Weitere Hinweise:

Schwieriger wird das Kammrätsel, wenn man bestimmte Themenbereiche, Wortarten oder Deklinationen bzw. Konjugationen vorgibt, die die Auswahl der zu verwendenden Wörter einschränken. Gerade durch die Konzentration auf einen bestimmten Themenbereich kann das Kammrätsel in der Lektürephase auch zum Brainstorming für Wortfelder herangezogen werden (z. B. Philosophie).

Das Rätsel erhält einen Wettbewerbscharakter, wenn man Teams mit demselben Ausgangswort und denselben Vorgaben gegeneinander antreten lässt. Die Mannschaft, die zuerst alle Zinken ergänzt hat, hat gewonnen.

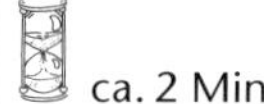

Schüler kennen die verwendeten Vokabeln.

Folie mit vorbereitetem Buchstabenquark

Durchführung:

- Der Lehrer zeigt die Folie mit Wörtern, deren Buchstaben beliebig vertauscht sind.
- Die Schüler versuchen, die Wörter zu erraten.
- Bei der anschließenden Besprechung werden jeweils noch die deutschen Bedeutungen ergänzt.

Beispiel:

redier	lavil	beeerd	ropeprera
(redire)	*(villa)*	*(debere)*	*(properare)*

Weitere Hinweise:

In Abhängigkeit davon, wie sehr man die Buchstaben durcheinanderbringt und ob man Silben trennt, kann die Schwierigkeit variiert werden.

Zur Wiederholung bestimmter Vokabelkapitel können auch Schüler dazu angehalten werden, Buchstabenquark für ihre Mitschüler „zuzubereiten".

Bei einer gewissen Erfahrung mit der Wortbildung im Lateinischen kann diese Methode auch zur Einführung von neuen Vokabeln verwendet werden.

Schüler können lateinische Wörter nach grammatikalischen oder inhaltlichen Aspekten kategorisieren.

Tafel

Durchführung:

- Zwei Schüler (oder zwei Teams) treten gegeneinander an. Weitere Schüler werden als Schiedsrichter eingeteilt.
- Der Lehrer gibt eine Kategorie vor, z. B. Wörter der letzten Lektion, Wörter mit dem Anfangsbuchstaben *S*, Präpositionen mit Ablativ, Deponentien, Wörter mit fünf Buchstaben, Wörter mit mindestens vier Silben, Wörter rund ums Essen und Trinken, Berufe, Orte, an denen man sich verstecken kann, „Zu Rom fällt mir ein" usw.
- Das Los entscheidet, wer beginnt. Abwechselnd nennen die Schüler jeweils eine Antwort, die von zwei weiteren Schülern an der Tafel notiert wird.
- Das Spiel endet, wenn ein Schüler ein falsches oder unpassendes Wort nennt.
- Es gewinnt derjenige die Runde, der mehr passende und richtige lateinische Begriffe nennen kann.

Beispiel:

Kategorie: Orte, an denen man sich verstecken kann

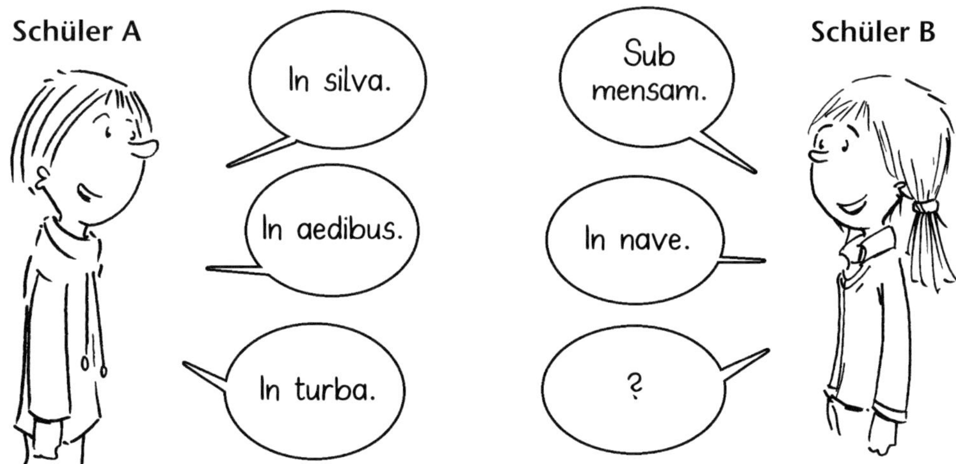

Schüler A gewinnt diese Runde.

Weitere Hinweise:

Je weniger aktiven Wortschatz die Schüler besitzen, desto breiter sollte die Kategorie gewählt werden, sodass das Spiel nicht schon nach wenigen Antworten beendet werden muss. In den höheren Jahrgangsstufen hingegen bietet es sich eventuell an, eine Höchstgrenze der möglichen Antworten vorzugeben.

„Wer weiß mehr?" kann auch nach der Einführung von neuem Wortschatz zur Vertiefung herangezogen werden (Kategorie: Alle neuen Wörter). Ein Memorieren in beiden Sprachen wird dadurch gefördert. Wenn die Schiedsrichter alle im Wortspeicher notierten Informationen (Stammformen/ Genitiv und Genus usw.) zur Punktevergabe einfordern, lernen die Schüler auf spielerische Weise die Wichtigkeit des vollständigen Lernens lateinischer Vokabeln.

Das Team der Schiedsrichter entscheidet jeweils, ob die genannten Begriffe richtig und vollständig sind und somit akzeptiert werden. Der Lehrer kann sich also weitestgehend aus dem Spielgeschehen heraushalten und muss nur dann korrektiv eingreifen, wenn völlig Falsches genannt und nicht erkannt wird.

Schüler haben bereits einen gewissen Wortschatz zur Verfügung.

Tafel

Durchführung:

- Der Lehrer gibt ein beliebiges lateinisches Wort vor.
- Die Schüler haben nun die Aufgabe, ein weiteres Wort zu finden, das irgendeine Verbindung zu dem ersten Wort aufweist. Diese Assoziation kann inhaltlicher (hat zu tun mit), optischer (das Wort/die Bedeutung sieht ähnlich aus wie), akustischer (klingt wie) oder aber situationsbezogener Art (verbinde ich mit) sein. Es gibt keine richtigen oder falschen Antworten.
- Die Schülerantworten werden an der Tafel festgehalten, sodass eine Assoziationskette entsteht. Währenddessen erklären die Schüler ihre Verknüpfungen.

Beispiel:

caput → *vitium* → *vinum* → *panis* → *emere* → *aedificium* usw.

„*Caput* hört sich an wie kaputt. Kaputt verbinde ich mit Fehler – also *vitium.*"
(akustische und inhaltliche Assoziation)
„Das Wort *vitium* sieht aus wie *vinum.*" (optische Assoziation)
„Die Römer tranken Wein und aßen Brot – *panis.*" (inhaltliche Assoziation)
„Brot kann man kaufen – *emere.*" (inhaltliche Assoziation)
„Meine Eltern kaufen gerade ein Haus – *aedificium.*"
(situationsbezogene Assoziation)

Weitere Hinweise:

Die Technik des Assoziierens fördert neben Kreativität auch das vernetzende Denken. Jede lateinische Vokabel wird dabei in einen Mini-Kontext eingebettet.

Die Technik des Assoziierens kann auch bei der Einführung neuer Vokabeln hilfreich sein. Je öfter sie angewendet wird, umso leichter fällt es den Schülern, ungewöhnliche und einprägsame Assoziationen herzustellen.

1.6 *Certamen pediludicum* – Vokabelfußball

ca. 7 Min.

keine besonderen Voraussetzungen

Spielfeld an Tafel mit Magnet als Ball oder Spielfeld auf Folie mit Spielfigur

Durchführung:

- Der Lehrer teilt die Klasse in zwei Mannschaften.
- Es treten immer zwei Schüler gegeneinander an.
- Der Ball liegt zum Anstoß in der Mitte. Den beiden Schülern wird eine Vokabel genannt.
- Ziel ist es, die Vokabel richtig zu übersetzen und somit den Ball ein Stück weiter in Richtung des gegnerischen Tors zu befördern.
- Es gewinnt die Mannschaft, die das erste Tor schießt oder die nach einer vorher angesagten Zeitdauer in Führung liegt.

Beispiel:

Spielfeld des SV Porta

Spielfeld des FC Fenestra

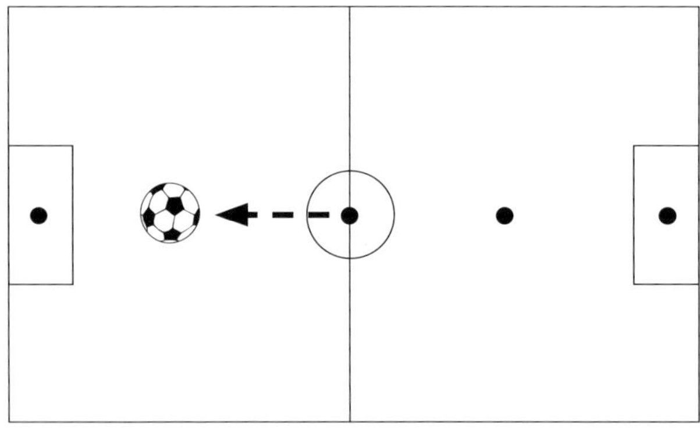

Der Schüler des FC Fenestra konnte die erste Vokabel schneller beantworten, somit wird der Ball um eine Position weiter in Richtung des gegnerischen Tors bewegt.

Weitere Hinweise:

Die Anzahl der notwendigen Schüsse bis zum Tor kann variiert werden.
Es können noch weitere Fußballregeln integriert werden, z. B. Elfmeter bei einem groben Foul (Reinrufen der richtigen Lösung).

1.7 Mal doch mal!

keine besonderen Voraussetzungen

Tafel mit bunter Kreide, ausgewählte lateinische Begriffe auf Kärtchen

Durchführung:

- Der Lehrer hat verschiedene lateinische Vokabeln/Begriffe/Wendungen in unterschiedlichen Schwierigkeitsstufen auf Kärtchen vorbereitet.
- Ein Schüler zieht eine beliebige Karte einer selbstgewählten Schwierigkeit und beginnt zu zeichnen.
- Der Rest der Klasse versucht, den Begriff zu erraten.

Beispiel:

Begriffe in unterschiedlichen Schwierigkeitsstufen (leicht – mittel – schwer).

templum
(Tempel)

portae urbis
(Stadttore)

arborem caedere
(einen Baum fällen)

Weitere Hinweise:

Da es für die Schüler meist leichter ist, mit einem Stift auf Papier zu malen, bietet sich der Einsatz einer Dokumentenkamera an. Sobald der lateinische Begriff erraten wurde, sollte er unter dem Bild festgehalten werden, sodass eine Verknüpfung von Bild, deutscher Bedeutung und lateinischer Vokabel entstehen kann.

keine besonderen Voraussetzungen

Tafel, eventuell drei DIN-A4-Karten mit Aufschrift „Die Frage“, „Das Orakel“ und „Die Priesterantwort“

Durchführung:

- Ein Schüler stellt eine beliebige Frage an das Orakel („Die Frage“).
- Weitere Schüler wählen aus dem aktuellen Wortschatz drei beliebige lateinische Vokabeln aus, die an der Tafel notiert werden („Das Orakel“). Die drei lateinischen Wörter entsprechen dabei den vorerst unverständlichen Äußerungen der Pythia.
- Ein Schüler versucht nun, die deutschen Bedeutungen der drei lateinischen Wörter in einen sinnvollen Zusammenhang zu bringen und so eine ein- oder mehrdeutige Antwort auf die anfänglich gestellte Frage zu geben („Die Priesterantwort“).

Beispiel:

Die Frage: „Wird die nächste Lateinschulaufgabe gut ausfallen?“
Das Orakel: *exercitus tum sapiens*
Die Priesterantwort: „Lernt wie ein *Heer, dann* werdet ihr *weise* sein!“

Weitere Hinweise:

Es sollte darauf geachtet werden, dass die Antworten des Priesters möglichst kurz ausfallen und die jeweils richtigen Bedeutungen der lateinischen Wörter verwendet werden.

Eignet sich für das Memorieren schwieriger lateinischer Vokabeln.

Tafel oder vorbereitete Folie, Vokabelhefte

Durchführung:

- Es wird eine schwer zu merkende lateinische Vokabel ausgewählt.
- Die Klasse sucht ein Wort im Deutschen, das dem lateinischen Wort klanglich sehr ähnlich ist. Dieses Wort wird das Schlüsselwort.
- Nun werden Schlüsselwort und deutsche Bedeutung bildlich miteinander verknüpft.
- Lateinische Vokabel, deutsche Bedeutung, Schlüsselwort und Bild werden an der Tafel und im Heft festgehalten.

Beispiele:

1. *paene* – fast, beinahe
   Schlüsselwort: Panne
   Verknüpfung: Ich hatte *fast/beinahe* eine Panne.

2. *excipere* – eine Ausnahme machen, aufnehmen
   Schlüsselwort: Barciper (statt: Barkeeper)
   Verknüpfung: Der Barciper *macht eine Ausnahme* und *nimmt* das Getränk auf ex *auf.*

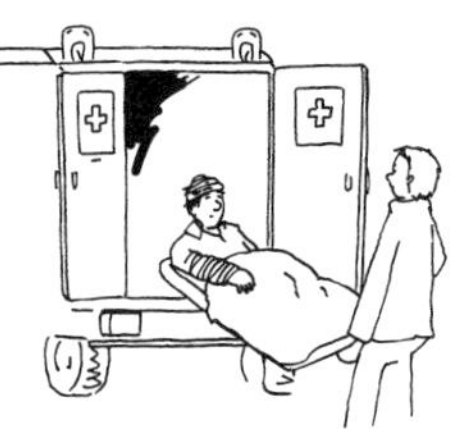

3. *sanguis* – Blut
   Schlüsselwort: Sanga (statt: Sanka = Krankenwagen)
   Verknüpfung: Der Sanga holt einen *blut*verschmierten Patienten ab.

4. *silva* – Wald
   Schlüsselwort: silvarn (statt: silbern)
   Verknüpfung: Im *Wald* steht ein *silva*rnes Auto.

Weitere Hinweise:

Schlüsselwort und bildliche Verknüpfung sollten ebenfalls an der Tafel und in den (Vokabel-)Heften festgehalten werden, da sie ohne Wiederholungsmöglichkeit wieder vergessen werden.

Je ungewöhnlicher und verrückter Schlüsselwort und bildliche Verknüpfung sind, umso länger ist die Erinnerungsspanne ohne Wiederholungen.

Um in kürzerer Zeit mehr Schlüsselwörter generieren zu können, bietet es sich an, einzelne Schüler mit der Vorbereitung zu beauftragen. Diese präsentieren dem Rest der Klasse das lateinische Wort, die deutsche Bedeutung, das Schlüsselwort und die bildliche Verknüpfung auf einer vorbereiteten Folie.

Schüler verfügen über einen gewissen Wortschatz.

Schülerhefte, Kärtchen mit Buchstaben

Durchführung:

- In Anlehnung an das Spiel „Stadt, Land, Fluss" zeichnen die Schüler eine Tabelle mit verschiedenen Kategorien in ihr Heft.
- Aus dem Stapel der Buchstabenkärtchen wird ein Buchstabe gezogen und laut vorgelesen.
- Nun müssen die Schüler versuchen, zu jeder Kategorie ein lateinisches Wort zu finden, das mit dem vorgegebenen Buchstaben beginnt.
- Der Schüler, der zuerst zu allen Kategorien ein lateinisches Wort finden konnte, ruft laut „Stopp".
- Die lateinischen Wörter und ihre deutschen Bedeutungen werden im Plenum vorgetragen.

Beispiele:

Mögliche Kategorien:

1. Wortarten: Substantiv, Adjektiv, Verb, Adverb, Lieblingswort
2. Silbenlänge (für Dichtung)
3. Verschiedene Kategorien: alles, was man tragen kann; in der Schule; wie man von A nach B kommt; Fremdwörter mit lateinischem Ursprung; alles, was man auf dem Forum tun kann; alles, was mit Zeit zu tun hat; Wörter, in denen ein Buchstabe doppelt vorkommt usw.

Weitere Hinweise:

Um das Ausfüllen der Tabelle zu erleichtern, kann ein aktueller lateinischer Text auf Folie aufgelegt werden. Eine Kategorie gilt dabei nur als richtig ausgefüllt, wenn das lateinische Wort in seiner Grundform (Nominativ Singular oder Infinitiv) notiert wurde.

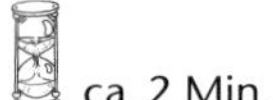

Schüler kennen die verwendeten Vokabeln.

Folie mit vorbereiteten, lückenhaften „Pergament"-Sätzen

Durchführung:

- Der Lehrer zeigt den Text mit Lücken, die durch „Wassertropfen" entstanden sind.
- Die Schüler versuchen, die Lücken zu erraten.
- Bei der anschließenden Besprechung werden die Lücken ergänzt und die Sätze übersetzt.

Beispiele:

1. *Servus cibos par💧t (parat). Equus servo par💧t (paret).*
2. *Ta💧💧💧💧 (Tandem) in Italiam pervenit. Ta💧💧💧 (Tamen) felix non erat. Ibi inimici ta💧💧💧💧 (tantum) eius erant.*

Weitere Hinweise:

Dieser Einstieg eignet sich besonders für leicht verwechselbare Vokabeln, die sich in ihrer Schreibung und Lautung nur minimal unterscheiden. Die Bedeutungsunterschiede können zusätzlich durch einen visuellen Eindruck unterstützt werden.

Je nach zeitlichem Rahmen können die kontrastiven Sätze auch in das Lateinheft übernommen und von den Schülern selbst bebildert werden. So wird den Schülern gleichzeitig eine Methode an die Hand gegeben, wie sie durch Beispielsätze den eigenen Vokabellernprozess optimieren können.

Der Schwierigkeitsgrad kann erhöht werden, indem man darauf verzichtet, die Anzahl der fehlenden Buchstaben durch die Anzahl der Wassertropfen anzudeuten.

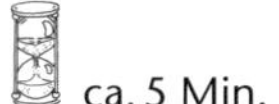

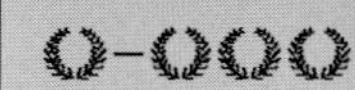

Schüler verfügen über den erforderlichen Wortschatz.

Arbeitsblatt mit Kreuzworträtsel

Durchführung:

- Der Lehrer gestaltet mithilfe eines Kreuzworträtsel-Generators ein Kreuzworträtsel zu relevantem Wortschatz.
- Aufgabe der Schüler ist es, das Kreuzworträtsel zu lösen.
- Bei Bedarf kann sich eine kurze Besprechung anschließen.

Beispiel:

Von links nach rechts
2. so (sic)
4. Schüler (discipulus)
5. endlich (tandem)
6. Menschenmenge (turba)

Von oben nach unten
1. Tochter (filia)
3. Getreide (frumentum)

Weitere Hinweise:

Mittlerweile gibt es zahlreiche Seiten im Internet, mit deren Hilfe man unkompliziert und kostenlos ein Kreuzworträtsel erstellen kann. In der Regel genügt es, das Wort sowie einen kurzen Hinweis einzugeben; das Rätsel wird dann automatisch innerhalb weniger Sekunden erstellt. Eines von vielen Beispielen: http://puzzlemaker.discoveryeducation.com

Schwieriger wird es, wenn man nicht nur den Nominativ oder Infinitiv, sondern bestimmte Kasusformen bei Substantiven oder konjugierte Formen bei Verben verlangt.

Dieser Einstieg ist eine motivierende und willkommene Abwechslung für die Wortschatz-Wiederholung einzelner Kapitel oder ganzer Wortfelder und erfordert dabei verhältnismäßig wenig Aufwand in der Vorbereitung.

Schüler verfügen über den erforderlichen Wortschatz.

Tafel oder Folie

Durchführung:

- Der Lehrer wählt einige lateinische Vokabeln aus und macht diese für die Schüler sichtbar.
- Aufgabe der Schüler ist es, sich innerhalb einer vorgegebenen Zeit eine Geschichte auf Deutsch auszudenken, in der mindestens ein lateinisches Wort pro Satz und jede angegebene Vokabel mindestens einmal im Text vorkommen muss.
- Die Geschichten werden im Anschluss im Plenum vorgetragen.

Beispiel:

avus – forum – servus – cenare – currus – donum

Eines schönen Tages fährt Markus mit seinem Großvater (*avus*) in dessen Karren (*currus*) in die Stadt. Der Großvater (*avus*) möchte nämlich einen neuen Sklaven (*servus*) kaufen. In der Stadt angekommen, gehen sie auf den Markt (*forum*). Der Großvater (*avus*) schaut sich die Sklaven (*servus*) genau an, doch der Händler verlangt heute zu hohe Preise. Der Großvater (*avus*) ist enttäuscht. Um den Großvater (*avus*) aufzuheitern, sagt Markus: „Wollen wir etwas essen (*cenare*) gehen?" Der Großvater (*avus*) antwortet: „Das ist eine tolle Idee! Und danach darfst du dir auf dem Markt noch ein Geschenk (*donum*) aussuchen!"

Weitere Hinweise:

Um die Kreativität zu fördern, lässt sich dieser Einstieg am besten in Partner- oder sogar Gruppenarbeit durchführen. Je weniger die lateinischen Vokabeln semantisch zueinander passen, desto einfallsreicher werden die Vokabelgeschichten. Um die Texte in eine gewünschte Richtung zu lenken, kann zudem noch eine Überschrift vorgegeben werden.

Die Dauer dieses Einstiegs lässt sich sehr gut über die Anzahl der vorgegebenen Wörter steuern.

Zur Verknüpfung der lateinischen Vokabel mit ihrer deutschen Bedeutung sollte beim Vortrag von einem Mitglied der Gruppe bei der Verwendung des jeweiligen deutschen Wortes in der Geschichte jedes Mal das lateinische Wort genannt werden (im Beispiel kursiv geschrieben).
Im Anfangsunterricht genügt der Infinitiv bei Verben oder der Nominativ bei Substantiven; im fortgeschrittenen Spracherwerb sollte auf die korrekte flektierte Verbform oder den richtigen Kasus eines Substantivs geachtet werden.

Die durch den kreativen Umgang mit Sprache und die Kontextualisierung entstehenden Assoziationen erleichtern das Memorieren der Vokabeln in der Zukunft.

Schüler kennen die verwendeten Vokabeln.

Kärtchen mit einer lateinischen Vokabel und X-Wörtern, die zur Erklärung nicht verwendet werden dürfen

Durchführung:

- Ein Schüler zieht ein Kärtchen und erklärt das angegebene Wort auf Deutsch ohne Zuhilfenahme der X-Wörter, die nicht verwendet werden dürfen.
- Die Mitschüler versuchen, das Wort zu erraten und die lateinische Vokabel herauszufinden.
- Falls der Schüler während seiner Erklärung ein X-Wort verwendet, muss ein neues Wort gezogen werden.

Beispiele:

villa	*corrumpere*
X wohnen	X Korruption
X Landhaus	X schlecht
X groß	X Bestechung

Weitere Hinweise:

Der Einstieg kann leicht zu einem Wettbewerb umgestaltet werden, indem zwei Teams gegeneinander antreten. Die Mannschaften wechseln sich ab. Ein Schüler zieht ein Kärtchen, erklärt den jeweiligen Begriff und hat dafür eine bestimmte Zeitvorgabe, z. B. eine Minute. Für jedes innerhalb dieser Zeit von seiner Mannschaft erratene Wort gibt es einen Punkt. Die Mannschaft gewinnt, die die meisten Punkte sammeln kann. Ja nach zeitlichem Rahmen können mehrere Runden gespielt werden.

Im Anfangsunterricht kann man mit dieser Methode spielerisch Vokabelkenntnisse festigen. In der fortgeschrittenen Spracherwerbsphase bietet es sich an, ganze Wortfelder zu wiederholen.

Die intensive Suche nach der deutschen Bedeutung – und oft auch lustige und kreative Erklärungsversuche – erleichtern bisweilen das Memorieren selbst schwieriger lateinischer Vokabeln in der Zukunft.

Schüler kennen die verwendeten Vokabeln.

Kärtchen mit jeweils einer lateinischen Vokabel plus Hinweis zur Art der Darstellung (Malen, Pantomime, Erklärung), Folie oder Tafel

Durchführung:

- Ein Schüler zieht ein Kärtchen und stellt das angegebene Wort auf die vorgegebene Art und Weise dar: pantomimisch ohne Sprechen, mit verbaler Erklärung oder durch eine Zeichnung.
- Die Mitschüler versuchen, das Wort zu erraten und die lateinische Vokabel herauszufinden.
- Ziel ist es, innerhalb einer vorher angesagten Dauer (z. B. zwei Minuten) möglichst viele lateinische Vokabeln durch die Mitschüler erraten zu lassen.

Beispiel:

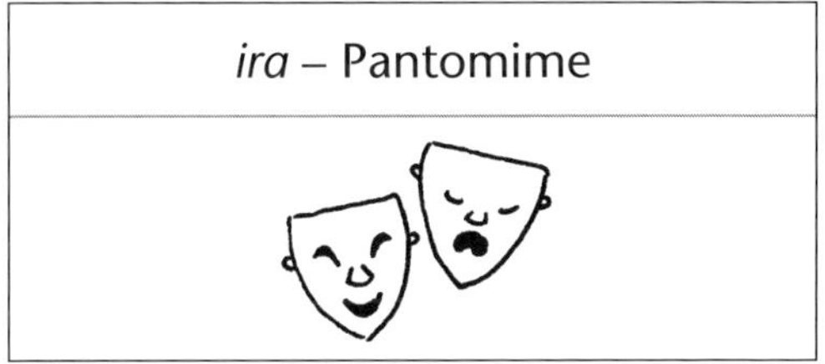

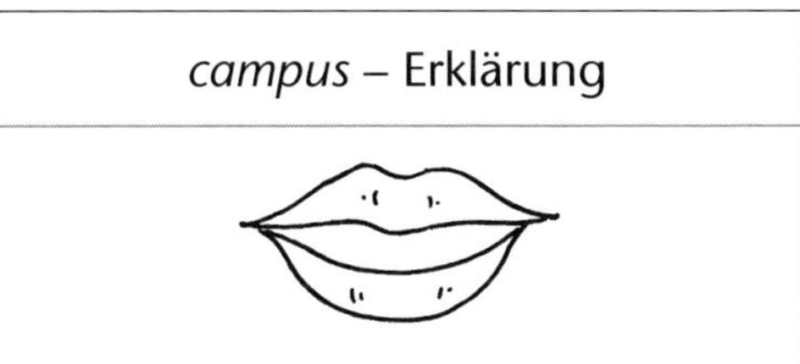

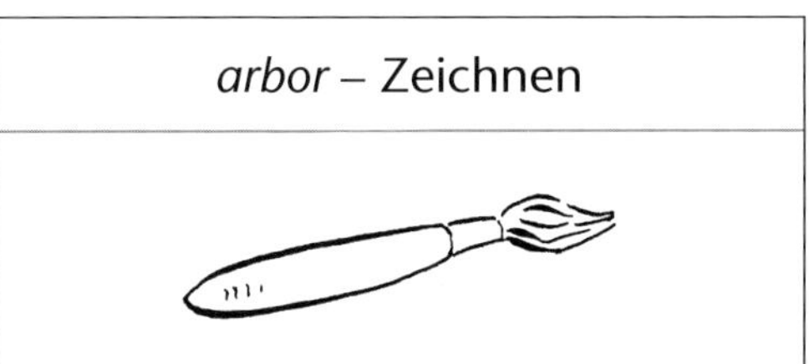

Weitere Hinweise:

Um dem Einstieg Wettbewerbscharakter zu verleihen, wird auf die Hinweise zu 1.14 „Tabu®" verwiesen.

Einfacher wird es für den aktiven Schüler, wenn die deutsche Bedeutung auf den Kärtchen mit angegeben wird. Einen Punkt für das Erraten sollte es aber tatsächlich nur für die lateinische Vokabel geben.

Aufgrund seines mitreißenden und kreativen Charakters wirkt dieser Einstieg motivierend und eignet sich besonders zur Aktivierung der Schüler.

2.1 Bingo

ca. 7 Min.

Schüler sind mit den gefragten Wörtern und Formen vertraut.

Schülerhefte und Wortschatzliste, Tafel mit Kreide

Durchführung:

- Der Lehrer macht den Schülern eine Wortschatz-Vorgabe für das Bingo-Gitter.
- Die Schüler erstellen entsprechend der Vorgabe ein Bingo-Gitter im Heft.
- Lehrer sagt nacheinander Formen an und hält diese an einer Tafel-Rückseite fest.
- Hat jemand eine der Formen in seinem Bingo-Gitter, markiert er das entsprechende Feld. Bei drei markierten Feldern – diagonal, vertikal oder horizontal – ruft der betreffende Schüler laut „Bingo" und liest seine markierten Formen vor. Wenn alle drei korrekt sind, ist der Schüler „Bingo-König".
- Zum Abschluss macht die Lehrkraft alle verwendeten Formen zur Kontrolle an der Tafel für die Schüler sichtbar.

Beispiel:

Mögliche Wortschatz-Vorgabe: Infinitiv Perfekt aller Verben der Kapitel 10 bis 12.

Lehrer: „Infinitiv Perfekt von *manere*." (wird im Bingo-Gitter markiert)
Lehrer: „Infinitiv Perfekt von *complere*." („Nullrunde" im Bingo-Gitter, d. h. keine Form kann markiert werden)
Lehrer: „Infinitiv Perfekt von *ludere*." (wird im Bingo-Gitter markiert)
Usw.

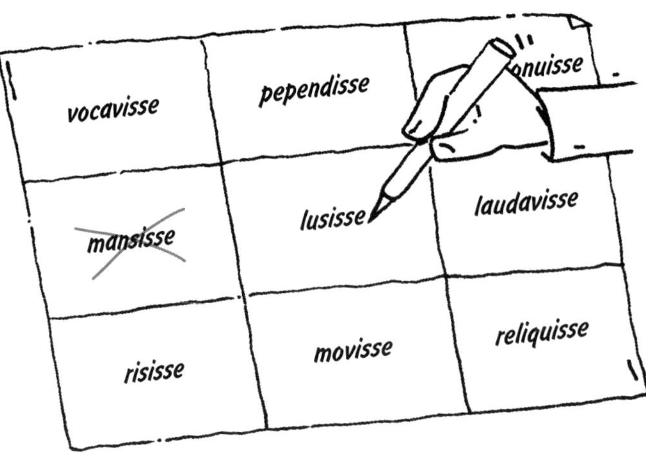

Weitere Hinweise:

Der Schwierigkeitsgrad kann variiert werden, je nachdem, ob nach der Ansage die gesuchte Form von einem Schüler für alle genannt wird oder von jedem Schüler selbst gebildet werden muss.

Die Möglichkeiten für die Vorgabe sind zahlreich: Pronomina können genauso verwendet werden wie Verbformen oder bestimmte Kasus von Substantiven.

Die Dauer dieses Einstiegs lässt sich über die Art der Vorgabe steuern: Je größer die Auswahl an möglichen Formen für das Bingo-Gitter ist, desto länger dauert es, einen „Bingo-König" zu ermitteln. Erfahrungsgemäß kommt Bingo – gerade bei jüngeren Schülern – so gut an, dass oft der Wunsch nach der Bestimmung eines zweiten und dritten Platzes laut wird.

keine besonderen Voraussetzungen

keine Materialien notwendig

Durchführung:

- Die Schüler finden sich in Paaren zusammen. Jedes Paar wird im weiteren Verlauf ein Duett ausarbeiten, das der Klasse vorgetragen wird.
- Ein Duett ist in diesem Zusammenhang ein Vortrag lateinischer Formen, der von zwei Schülern gehalten wird.
- Es werden verschiedene Duett-Titel zur Auswahl gestellt, z. B. Formen von *hic, haec, hoc;* vorwärts/rückwärts Deklinieren der u-Deklination; Konjugieren im Perfektstamm …
- Die Paare versuchen nun, die lateinischen Formen dem Rest der Klasse möglichst kreativ und professionell zu präsentieren unter Berücksichtigung ausgewählter Kriterien, wie z. B. Richtigkeit, Schwierigkeitsstufe, Rhythmus, Melodie, Schnelligkeit, Synchronität, Lautstärke, Sicherheit der Stimme und Kreativität.
- Die Schüler können dabei entscheiden, ob sie gleichzeitig oder abwechselnd sprechen.
- Es gewinnt das Paar, das unter Berücksichtigung der ausgewählten Kriterien die beste Leistung erzielen konnte.
- Die Bestimmung des Siegers kann dabei durch den Lehrer, eine Jury oder durch Abstimmung der ganzen Klasse erfolgen.
- Bei groben Fehlern sollte der Lehrer korrigierend einschreiten.

Beispiel:

Duett-Titel: Konjugieren von *audire, facere* und *tacere* im Präsens

Die Schüler beginnen abwechselnd:

Schüler A	**Schüler B**
audio	*audis*
audit	*audimus*
auditis	*audiunt*
facio	*facis*
facit	*facimus*
facitis	*faciunt*

gemeinsam

taceo, taces, tacet, tacemus, tacetis, tacent

Weitere Hinweise:

Auf welche Weise die Schüler das Duett präsentieren, bleibt ihrer Kreativität überlassen. Der Schwierigkeitsgrad des Duetts kann gut variiert werden: So kann Deklinieren entgegen der den Schülern bekannten Reihenfolge gefordert werden. Beim Konjugieren besteht die Möglichkeit, jeweils eine Personalendung auszulassen oder zwischen verschiedenen Tempora zu springen. Bei den Demonstrativpronomina können Formen, die mehrfach vorkommen, durch bestimmte Gesten besonders betont werden.

„Das schönste Duett" fordert von den Schülern ein konzentriertes Zuhören, es fördert Kreativität, Zusammenarbeit und das Sich-gegenseitige-Unterstützen und -Inspirieren.

keine besonderen Voraussetzungen

keine Materialien notwendig

Durchführung:

- Der Lehrer wählt zu Beginn ein Übereinstimmungsmerkmal aus dem Grammatikbereich aus, z. B. Verben aus der konsonantischen Konjugation mit i-Erweiterung oder Verben mit Reduplikationsperfekt oder Substantive, die Neutra sind oder Adjektive, die unregelmäßig gesteigert werden usw.
- Dieses Merkmal wird den Schülern nicht verraten.
- Das Spiel beginnt mit drei Aussagen zu Willi nach folgendem Schema: „Willi mag/liebt x, y mag er aber nicht."
- Die Schüler haben nun die Aufgabe, das Rätsel zu lösen, also das Prinzip zu verstehen, das Merkmal zu identifizieren und somit herauszufinden, was Willi mag.
- Die Schüler versuchen, durch eine festgelegte Frageform das Prinzip zu durchschauen: „Mag Willi z?" Sie dürfen dieses jedoch nicht explizit nennen.
- Wenn ein Schüler das Prinzip erkannt hat, wird er in den Willi-Club aufgenommen und kann dem Rest der Klasse weitere „Willi mag"-Hinweise geben.
- Wenn der Schüler ein anderes Prinzip vermutet hat, antwortet der Lehrer so, dass deutlich wird, dass ein anderes Kriterium Willis Präferenz zu Grunde liegt.

Beispiel:

Der Lehrer wählt das Übereinstimmungsmerkmal „Substantive, die Neutra sind".

Er macht drei Aussagen zu Beginn des Rätsels:
„Willi mag *iter*, aber *inter* mag er nicht.
Er mag *templum*, aber *temptare* mag er nicht.
Willi liebt *munus*, doch *mundus* mag er nicht."

Mögliche Schülerfrage:
„Liebt Willi *salus*, aber *animus* mag er nicht?"
(Der Schüler vermutet das Prinzip konsonantische Deklination.)

Mögliche Lehrerantwort:
„Willi mag weder *salus* noch *animus*, aber *corpus* mag er sehr."

Weitere Schülerfrage:
„Mag Willi *tempus*, aber *dies* nicht? Und Willi mag auch *aedificia*, aber *basilica* mag er nicht."
(Der Schüler hat das Prinzip durchschaut und das Übereinstimmungsmerkmal identifiziert. Er wird nun in den Willi-Club aufgenommen und darf den anderen Schülern weitere Hinweise geben.)

Weitere Hinweise:

Das Rätsel ist manchmal nicht ganz einfach zu lösen. Deshalb kann es auch über den Verlauf einer längeren Unterrichtssequenz gespielt werden. Dabei gibt der Lehrer in einem festgelegten zeitlichen Abstand (z. B. zu Beginn und am Ende jeder Stunde) einen neuen Hinweis zu Willis Präferenz. Die Schüler müssen sich in diesem Fall alle Hinweise notieren. Als Hausaufgabe können sie sich dann weitere „Mag Willi ...?"-Fragen ausdenken, die zur Lösung des Rätsels beitragen könnten.

2.4 Einer gegen alle

ca. 3 Min.

keine besonderen Voraussetzungen

Klassenliste

Durchführung:

- Vorarbeit: Alle Schüler formulieren in kurzer Stillarbeit Fragen zur Grammatik (Formenbildung, Verständnisfragen, Wendungen etc.), die sie auf einer besonderen Seite im Heft notieren, sodass sie immer wieder bei „Einer gegen alle“ verwendet werden können. Diese Fragen werden gemeinsam verbessert und mit Musterantworten versehen.
- Anschließend kommt ein Schüler nach vorne, er tritt gegen den Rest der Klasse an.
- Es werden verschiedene Schüler aufgerufen, die dem Kandidaten je eine Frage laut vortragen.
- Für jede richtige Antwort wird ein Punkt vergeben.
- Nach der ersten falschen Antwort wird abgebrochen, die Anzahl der bis dahin richtigen Antworten wird in der Klassenliste notiert. So erhält man eine über einen längeren Zeitraum bestehende Bestenliste.

Beispiele:

Mögliche Fragen:
1. Welche lateinischen Konjugationen gibt es?
2. Was ist das Perfekt von *facio*?
3. Welche Übersetzungsmöglichkeiten gibt es für den Ablativus absolutus?
4. Wie lauten die drei Partizipien zu *audire*?

Usw.

Weitere Hinweise:

„Einer gegen alle“ ist gut geeignet zum regelmäßigen Wiederholen von Grundwissen. Im weiteren Verlauf des Schuljahrs können die Schüler nach jeder abgeschlossenen Grammatikeinheit auf der „Einer gegen alle“-Seite im Heft eine weitere Frage mit Musterlösung ergänzen. So entsteht ein Fragenpool zu Grundwissen und aktueller Grammatik.

Damit „Einer gegen alle“ zeitlich nicht ins Unendliche ausufert, wenn Schüler sehr gut sind, kann auch eine maximale Fragenanzahl (z. B. sieben Fragen) festgelegt werden. Die Anzahl der richtig beantworteten Fragen wird dann auf der Liste notiert und gegebenenfalls aufsummiert.

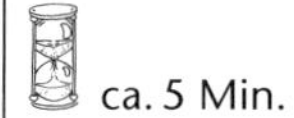

Schüler kennen mehrere unregelmäßig gebildete Stammformen.

vorbereitete Folie mit Chaosformen (= Stammformen, deren Buchstaben in veränderter Reihenfolge erscheinen)

Durchführung:

- Der Lehrer (oder ein Schüler) bereitet eine Folie vor, auf welcher bereits gelernte Stammformen lateinischer Verben in chaotischer Buchstabenfolge stehen.
- Die Schüler haben nun die Aufgabe, die Buchstaben zu sortieren und zu identifizieren, zu welchem lateinischen Verb dieses Buchstabenchaos gehört.
- Bei richtiger Reihenfolge der Buchstaben, Nennung der fehlenden Formen und Übersetzung des Wortes können Punkte vergeben werden.

Beispiel:

rie	*ire*	*ire, eo, ii*	gehen
minsa	*mansi*	*manere, maneo, mansi*	warten, bleiben
slumpu	*pulsum*	*pellere, pello, pepuli, pulsum*	schlagen

Weitere Hinweise:

Für diese Übung ist ein genaues Lernen der Stammformen wichtig, da ein richtiges Sortieren der Buchstaben sonst nur schwer möglich ist. Neben dem einfachen Auswendiglernen der Formen ist auch ein tieferes grammatikalisches Verständnis hilfreich, da nach bestimmten Buchstaben gesucht werden kann, die eine schnelle Zuordnung, z. B. zu Infinitiv (RE) oder PPP (UM), vereinfachen.

Eine zeitliche Beschränkung für das Sortieren der Buchstaben und Ergänzen der Formen kann festgelegt werden (z. B. 30 Sekunden bis eine Minute, je nach Länge des Wortes). Gerade bei längeren Verformen ist das Erkennen wesentlich einfacher, wenn der erste und der letzte Buchstabe an der richtigen Position bleiben und die restlichen Buchstaben in ungeordneter Reihenfolge erscheinen (= Stammformenchaostheorie).

ca. 5 Min.

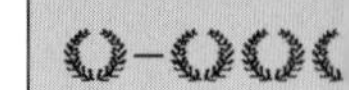

Eignet sich besonders als Abschluss einer anspruchsvollen Grammatikeinheit.

Tafel, Schülerhefte

Durchführung:

- Ein Akrostichon ist ein Wort oder ein ganzer Satz, der aus den Anfangsbuchstaben bestimmter inhaltlich zusammenhängender Wörter besteht und hintereinander gelesen einen (neuen) Sinn ergibt.
- Ein Akrostichon eignet sich immer dann, wenn mehrere abstrakte Grammatikbegriffe (eventuell sogar in einer festgelegten Reihenfolge) gelernt werden müssen oder wenn eine genaue Zuordnung besonders wichtig ist.
- Gemeinsam mit der ganzen Klasse können so passende und witzige Akrosticha gebildet werden, die die Schüler auf einer besonderen Seite in ihrem Heft notieren.
- Je phantasievoller, ungewöhnlicher und lustiger, desto einfacher ist das Akrostichon zu merken.
- Der Lehrer tritt dabei in der Rolle eines Moderators auf, welcher die Ideen der Schüler aufgreift, zur Diskussion stellt und gegebenenfalls modifiziert.

Beispiele:

1. Konjunktiv im Hauptsatz:
   Folgende sechs Fachbegriffe müssen dabei gelernt werden, eine bestimmte Reihenfolge ist nicht einzuhalten: **O**ptativ, **H**ortativ, **P**rohibitiv, **P**otentialis, **D**eliberativ und **J**ussiv.
   Aus den Anfangsbuchstaben kann nun der Künstlername eines Discjockeys gebildet werden: **DJ HOPP**.
   Die Schüler können nun noch einen DJ in ihr Heft zeichnen.

2. Die fünf lateinischen Konjugationen:
   Aus **e**-Konjugation, **a**-Konjugation, **i**-Konjugation, **k**onsonantischer Konjugation und (konsonantischer Konjugation mit) **i**-Erweiterung entsteht ein Merksatz: **E**sel **a**ßen **i**mmer **K**rokodile **i**m **E**imer.

Eignet sich zum Üben der Formen des Relativpronomens *qui, quae, quod.*

Tafel

Durchführung:

- Der Lehrer notiert KASUS, NUMERUS, GENUS an der Tafel.
- Die Klasse wird in zwei Teams geteilt, wobei die Schüler sich in zwei Schlangen hintereinander vor der Tafel anstellen. Ein Schüler wird zum Quiquaequizmaster bestimmt.
- Der Quiquaequizmaster gibt dem Rest der Klasse eine beliebige Form von *qui, quae, quod* vor.
- Ausgehend von dieser Form entscheidet nun der Quiquaequizmaster, in welcher Kategorie eine Veränderung vorgenommen werden soll, indem er auf das entsprechende Wort an der Tafel deutet.
- Es spielen immer die zwei Schüler gegeneinander, die an erster Position der Schlange stehen. Der Schüler, der schneller die richtige Antwort nennt, ergattert einen Punkt für sein Team. Nach genannter Form stellen die beiden Schüler sich jeweils am Ende ihrer Schlange wieder an.
- Der Lehrer fungiert als Schiedsrichter und überprüft, ob die Formen richtig sind. Je besser die Schüler die Formen beherrschen, desto selbstständiger kann der Quiquaequizmaster das Spiel leiten.

Beispiel:

Quiquaequizmaster: „Ich gebe euch die Form *quem* vor. Ich fordere eine Veränderung des KASUS. Setzt diese Form in den Ablativ."
Schülerantwort: *„Quo!"*
Quiquaequizmaster: „Richtig. Stellt euch hinten an. Nächste Veränderung: NUMERUS …" Usw.

Weitere Hinweise:

Das Spiel ist auch ohne den Wettbewerbscharakter als ruhiger Stundeneinstieg möglich. Dabei notieren die Schüler die veränderten Formen in ihr Heft; anschließend werden diese gemeinsam verbessert.

Schüler sind mit den verwendeten Formen vertraut.

Formentelefon auf Folie, Schülerhefte

Durchführung:

- Der Lehrer macht den Schülern das Formentelefon sichtbar.
- Der Lehrer gibt ein Verb vor und wählt eine „Nummer", die bei Bedarf visualisiert werden kann.
- Die Schüler entziffern anhand des Formentelefons die gesuchte Verbform und notieren sie ins Heft.

Beispiel:

Der Lehrer gibt als Verb *vocare* vor und wählt 11111 (1. Person – Singular – Indikativ – Präsens – Aktiv). (Lösung: *voco*)

Person	Numerus	Modus	Tempus	Genus verbi
1	Singular 1	Indikativ 1	Präsens 1	Aktiv 1
2	Plural 2	Konjunktiv 2	Imperfekt 2	Passiv 2
3		Imperativ 3	Perfekt 3	
			Plusquamperfekt 4	
			Futur 5	

Weitere Hinweise:

Einmal auf Folie angefertigt kann das Formentelefon beliebig oft verwendet werden, wobei noch nicht bekannte Kategorien mit kleinen Klebezettel-Streifen abgedeckt werden können.
Mit einer gewissen Übung können die Schüler sich mithilfe des Formentelefons auch gegenseitig in Partner- oder Gruppenarbeit „anrufen". Ebenso funktioniert das Telefonieren rückwärts: Zu einer Form soll die passende Nummer gefunden werden.
Das Formentelefon kann auch als Einzel- oder Team-Wettbewerb gestaltet werden: Welcher Schüler bzw. welche Gruppe errät zuerst die richtige Form zur vorgegebenen Nummer?
Dieser Einstieg trainiert besonders die Fähigkeit, Verbformen in ihre „Einzelteile" zu zerlegen und so richtig zu analysieren, was sich beim Übersetzen auszahlt.

Schüler sind mit den verwendeten Formen vertraut.

Formenwürfel mit beliebigen Kategorien

Durchführung:

- Der Lehrer gibt ein Substantiv vor und würfelt mit den jeweiligen Würfeln, zum Beispiel Kasus-Würfel und Singular/Plural-Würfel.
- Aufgabe der Schüler ist es, vom vorgegebenen Substantiv die beiden gewürfelten Kategorien zu bilden.

Beispiel:

Der Lehrer gibt das Substantiv *villa* vor und würfelt mit dem ersten Würfel „Genitiv" und mit dem zweiten „Plural". Die gesuchte Form ist also *villarum*.

Weitere Hinweise:

Die benötigten Formenwürfel werden fertig auf dem Markt angeboten; man kann diese jedoch auch leicht selbst anfertigen, indem man sich Würfel in der gewünschten Größe kauft und mit den Kategorien beklebt.

Bei den Kategorien gibt es zahlreiche Möglichkeiten: Kasus und Numerus (Singular und Plural sind auf dem Würfel dann natürlich jeweils dreimal vertreten) für Substantive, Genus und Komparationsformen zusätzlich für Adjektive sowie Person, Numerus, Tempus, Modus und Genus verbi für Verben.

Die Würfel können auch sehr gut zur Binnendifferenzierung eingesetzt werden: Schnell arbeitende Schüler ziehen sich nach vorzeitiger Erledigung einer Aufgabe im Unterricht zurück. Sie würfeln und bilden alleine oder in einer Gruppe Formen.

Schüler kennen die verwendeten Wörter und Formen.

Folienschnipsel, Schülerhefte

Durchführung:

- Der Lehrer macht die Schnipsel für die Schüler sichtbar.
- Die Schüler sollen die Einzelteile zu sinnvollen Sätzen zusammenfügen und ins Heft notieren.
- Die kompletten Sätze werden im Anschluss im Plenum auf der Folie zusammengesetzt, vorgetragen und je nach Bedarf auch übersetzt.

Beispiel:

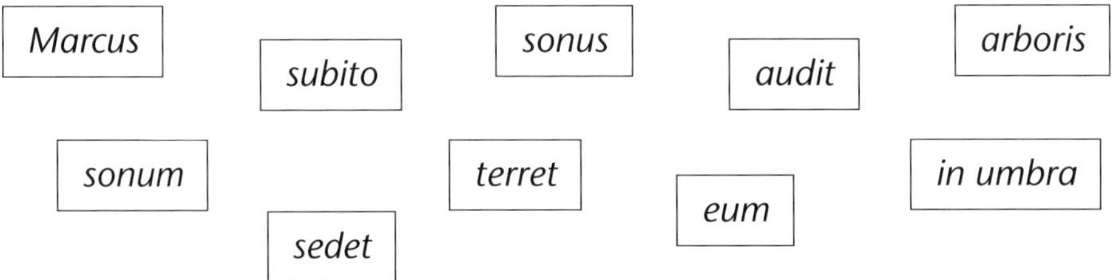

Mögliche Sätze: *Marcus in umbra arboris sedet. Subito sonum audit. Sonus eum terret.*

Weitere Hinweise:

Die Erarbeitungsphase ist sehr gut für eine Partner- oder sogar Gruppenarbeit geeignet.

Die Dauer dieses Einstiegs lässt sich über die Anzahl der vorgegebenen Schnipsel steuern. Gerade im Anfangsunterricht bietet es sich an, weitere Vorgaben zu machen, z. B. dass aus den zehn vorgegebenen Vokabeln drei vollständige Sätze gebildet werden sollen.

„Unsinnssätze" sind erlaubt, solange die Grammatik korrekt ist. Beim Zusammenfügen der Sätze liegt das Augenmerk nicht nur auf der lateinischen Satzstellung, sondern es wird auch das sorgfältige Abfragen von Satzteilen geschult.

Schüler haben eine gewisse Sicherheit im Deklinieren und kennen bereits Adjektive.

Liste mit Substantiven und Adjektiven und zugehöriges Lösungsblatt, bei Bedarf: Objekte, die als Staffeln genutzt werden können

Durchführung:

- Die Schüler finden sich zu Teams zusammen und stellen sich in Kreisform auf. Jedes Team erhält eine Staffel, die Liste mit den zu deklinierenden Substantiv-Adjektiv-Kombinationen und das zugehörige Lösungsblatt. Der Lehrer gibt eine Mindestanzahl von Staffelrunden vor.
- Jedes Team dekliniert reihum. Die Staffel wird dabei nach richtiger Nennung der lateinischen Formen von Schüler zu Schüler weitergereicht. Wenn eine falsche Form gebildet wurde, bekommt der einzelne Schüler Zeit, diese zu korrigieren.
- Ein Schüler pro Team fungiert als Schiedsrichter und überprüft die Formen anhand des Lösungsblatts auf Richtigkeit.

Beispiel:

Weitere Hinweise:

Alternativ kann auch jedes Team vor dem Plenum der Klasse vordeklinieren. Es sollten dabei je nach Gruppengröße zwei bis drei Kombinationen durchdekliniert werden. Die Zeit wird gestoppt und das schnellste Staffelteam gewinnt. Falsche Formen können mit einer Zeitstrafe von zehn Sekunden belegt werden. Die Staffel wird in diesem Fall an den nächsten Schüler weitergereicht, der die Form korrigieren muss.
Die Durchgänge werden schwerer, wenn Adjektive und Substantive aus unterschiedlichen Deklinationen stammen oder unregelmäßig dekliniert werden. Für besonders gute Teams können zusätzlich Pronomina hinzugefügt werden (z. B. *ille senator clarus*).

Schüler sind mit den verwendeten Formen vertraut.

Folie mit einer Reihe von Substantiven oder Verben

Durchführung:

- Der Lehrer gibt eine Reihe von Substantiven im Nominativ vor und macht diese für alle sichtbar.
- Der Lehrer definiert eine *Heu!*-Form, die nicht genannt werden darf.
- Die Schüler sollen das Substantiv reihum deklinieren; jeder sagt also eine Form und der Sitznachbar die nächste.
- Bei der *Heu!*-Form ruft der Schüler, der an der Reihe ist, „*Heu!*" statt der Form.

Beispiel:

villa – domina – serva – via – hora – flamma – forma

Heu!-Form ist jeweils der Dativ.

Schüler 1: „*Villa.*"	Schüler 2: „*Villae.*"	Schüler 3: „*Heu!*"
Schüler 4: „*Villam.*"	Schüler 5: „*Villa.*"	Schüler 6: „*Villae.*"
Schüler 7: „*Villarum.*"	Schüler 8: „*Heu!*"	Usw.

Weitere Hinweise:

Es können mehrere Durchgänge mit einer Wortreihe erfolgen, wobei sich entweder die *Heu!*-Form ändert oder das Tempo bei Beibehaltung der *Heu!*-Form gesteigert werden soll.

Natürlich können genauso gut Verben verwendet werden, von denen z. B. eine bestimmte Tempus-Form, wie das Imperfekt, durchkonjugiert wird.

Schüler sind mit verlangten Stammformen vertraut.

Folie mit fünf bis zehn Verben im Infinitiv

Durchführung:

- Der Lehrer gibt fünf bis zehn Verben im Infinitiv vor und macht diese für alle sichtbar.
- Schüler haben eine Minute Zeit, sich die Verben zu merken; danach wird der Projektor ausgeschaltet.
- Aufgabe der Schüler ist es dann, die Verben innerhalb von zwei Minuten aus dem Gedächtnis mit ihren jeweiligen Stammformen aufzuschreiben.

Beispiel:

Folie mit Infinitiven:

manere – monere – audire – vocare – flere – laudare – complere – corrumpere – spectare

Im Schülerheft steht:

audire, audio, audivi, auditum
laudare, laudo, laudavi, laudatum
flere, fleo, flevi, fletum usw.

Weitere Hinweise:

Mit diesem Einstieg lässt sich die Klasse erfahrungsgemäß sehr gut „herausfordern": Wenn sie es schafft, gemeinsam alle Verben inklusive korrekter Stammformen zu nennen, kann eine Belohnung in Aussicht gestellt werden (z. B. eine Verkürzung der Hausaufgabe).

Die Kombination aus Spiel und Gedächtnistraining bringt neuen Schwung und Abwechslung in das sonst sehr konzentrierte Lernen der Stammformen.

3.1 Pingo

ca. 7 Min.

Ein ganzer Lektionstext oder inhaltlich geschlossene Textteile wurden bereits übersetzt.

Tafel mit bunter Kreide oder Schülerhefte

Durchführung:

- Die Schüler erhalten den Auftrag, den Inhalt des lateinischen Textes in bildlicher Form darzustellen.
- Der Lehrer gibt den Schülern dafür eine zeitliche Vorgabe zur Erstellung des Bildes.
- Sprechblasen und Erläuterungen in lateinischer Sprache sind erlaubt.
- Mit einer Dokumentenkamera können den anderen Schülern viele verschiedene Bilder präsentiert werden. Ebenso können auch Bilder an Tafelrückseiten angefertigt werden.
- Anhand der verschiedenen Bilder können nun Inhalt und wichtige lateinische Vokabeln wiederholt werden.

Beispiel:

Romulus und Remus – die Gründung Roms

Im Prinzip kann jeder Lektionstext herangezogen werden.

Weitere Hinweise:

Das Malen des Bildes erfordert ein detailliertes Auseinandersetzen mit dem lateinischen Text. Durch die Verknüpfung von Bildern mit Inhalten und lateinischem Vokabular ist ein tieferes und längeres Memorieren möglich. Darüber hinaus ergeben sich aus verschiedenen Schülerzeichnungen unter Umständen unterschiedliche Interpretationsansätze, die eine Grundlage für interessante Diskussionen bieten können.

Ein ganzer Lektionstext oder inhaltlich geschlossene Textteile wurden bereits übersetzt.

vorbereitete Folie mit Text und unkenntlich gemachten Stellen

Durchführung:

- Der Lehrer zeigt den Schülern den bereits bekannten lateinischen Text. An einigen Stellen wurden Buchstaben, Wörter oder Satzteile entfernt oder unkenntlich gemacht.
- Die Schüler sollen nun die fehlenden Wörter erinnern und in grammatikalischer Richtigkeit wieder einfügen.
- Syntax, Grammatik und Inhalt des Textes können so Satz für Satz wiederholt und vertieft werden.

Beispiel:

Bei folgender Textstelle aus der „Ars Amatoria" von Ovid wurden einzelne Buchstaben durch ● ersetzt.

	Lösungen:
Me vat●● celebrate, viri, mihi dicite laudes,	*vatem*
Cant●tur ●●t● nomen in orbe meum.	*cantetur toto*
Arma ded● vobis: ded●●●● Vulcanus Achilli;	*dedi, dederat*
Vincite ●●●●●●●●●, vicit ut ille, datis.	*muneribus*
(Ovid, Ars 2, 739–742)	

Weitere Hinweise:

Um fehlende Buchstaben und ganze Wörter erinnern zu können, müssen sich die Schüler intensiv mit dem lateinischen Text befasst haben. Gerade in der Lektürephase lernen Schüler oftmals die deutsche Übersetzung auswendig. Ein tieferes Verständnis von Grammatik und Wortschatz kann durch diese Übung erreicht werden, da mithilfe der Kenntnis der richtigen deutschen Übersetzung die lateinischen Strukturen und Wörter „wiederhergestellt" werden müssen.

Schüler sind mit der lateinischen Aussprache vertraut.

geeigneter Text (evtl. Lektionstext)

Durchführung:

- Der Lehrer macht den ausgewählten Text für alle Schüler zugänglich und beginnt zu lesen.
- Nach einiger Zeit fügt er den Namen eines Schülers ein, der ab dieser Stelle übernimmt.
- Nach einigen Sätzen nennt dieser Schüler wiederum den Namen eines Mitschülers, der dann weiterliest usw.

Beispiel:

Lehrer: *„Hodie Marcus in foro est. Quid spectat,* ***Niklas****?"*
Niklas: *„Quid spectat? Amphitheatrum et magnam multitudinem hominum spectat. Dominae et domini currunt. Sed ubi Claudia est,* ***Nora****?"*
Nora: …

Weitere Hinweise:

Gerade weil das Üben der korrekten Aussprache der Wörter im Unterricht oft zu kurz kommt, ist das reine Lesen eines lateinischen Textes als Einstieg sehr zu empfehlen. Die aufgelockerte Methode des Popcorn-Lesens erhöht die Aufmerksamkeit aller Schüler.

Bei Texten in Dialogform bietet es sich an, den Namen eines Schülers immer beim Sprecherwechsel zu nennen und zusätzlich zu szenischem Lesen mit passender Stimmführung und Mimik zu motivieren.

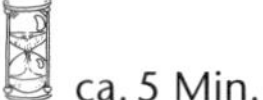

Ein ganzer Lektionstext wurde bereits übersetzt.

Tafel

Durchführung:

- Der Lehrer notiert wichtige lateinische Schlüsselbegriffe des bereits übersetzten Textes in ungeordneter Reihenfolge an der Tafel.
- Gemeinsam wird anhand der Begriffe der Inhalt der Geschichte rekonstruiert.
- Bereits genannte Begriffe können an der Tafel abgehakt werden.

Weitere Hinweise:

In Klassen, die zu Beginn einer Unterrichtsstunde zur Ruhe kommen sollen, kann dieser Einstieg auch schriftlich in Stillarbeit durchgeführt werden. Dazu bekommen die Schüler einige Minuten Zeit, den Inhalt anhand der Schlüsselbegriffe zu rekonstruieren. Im Anschluss werden einzelne Zusammenfassungen vorgetragen.

Um den Schwierigkeitsgrad zu erhöhen und ein genaues und detailliertes Lesen und Übersetzen zu fördern, können zusätzlich Begriffe verwendet werden, die zwar inhaltlich zum Text passen, aber nicht wörtlich vorkommen. Diese „Fake-Begriffe" müssen von den Schülern vorab herausgefunden werden und dürfen nicht in der Zusammenfassung enthalten sein.

Schüler sind mit verwendetem Text vertraut.

vorbereitete Aussagen zum Text auf Folie

Durchführung:

- Der Lehrer bereitet Aussagen zum Text vor und macht diese für die Schüler sichtbar.
- Die Schüler überlegen zunächst für sich alleine, dann mit einem Partner, ob diese richtig oder falsch sind.
- Richtige Aussagen müssen mit Zeilenangabe und lateinischem Zitat belegt, falsche widerlegt werden.
- Nach der Bearbeitungszeit mit dem Partner werden die Aussagen im Plenum besprochen.

Beispiel:

Ein beliebiger Text zur Fabel von der Stadtmaus und der Landmaus

1. Die Landmaus setzt der Stadtmaus bei ihrem Besuch üppige Speisen vor.
   Ⓡ FALSCH, da in Zeile X *„cibi pauperi"*, also ärmliche Speisen erwähnt werden.

2. Die Landmaus zögert nicht lange und entschließt sich, mit der Stadtmaus in die Stadt zu reisen.
   Ⓡ RICHTIG, da in Zeile X steht, dass die Landmaus nicht zögert, sondern den Entschluss schnell fasst: *„non dubitavit, sed consilium celeriter cepit"*.

Usw.

Weitere Hinweise:

Dieser Einstieg dient vornehmlich der inhaltlichen Wiederholung von übersetzten Texten, kann aber auch mit einem unbekannten Text durchgeführt werden, wenn durch einfache Fragen ein erstes Grobverständnis erreicht werden soll.

In jedem Fall wird die Fähigkeit trainiert, sich einen Überblick über einen Text zu verschaffen, was bei der Bewältigung von Übersetzungen in Leistungsnachweisen helfen kann.

Schüler sind mit einem geeigneten Lektionstext vertraut.

Schülerhefte

Durchführung:

- Aufgabe der Schüler ist es, in Einzel- oder Partnerarbeit den Lektionstext in einer vorgegebenen Zeit in einen Tagebucheintrag eines Protagonisten zu verwandeln.
- Bei Bedarf kann mit einer weiteren Vorgabe gearbeitet werden, z. B. dass der Eintrag mindestens fünf Sätze umfassen soll.
- Nach der Arbeitsphase werden einige Einträge im Plenum vorgetragen.

Beispiel:

Ein beliebiger Text zu Vorzeichen des Vesuvausbruchs

> Liebes Tagebuch,
>
> heute passierten seltsame Dinge: Schon beim Waschen am Morgen roch das Wasser ganz seltsam. Einer der Sklaven meinte, es rieche nach Schwefel. Dazu kamen am Vormittag wiederkehrende Erdbeben. Alle sind ganz aufgeregt und auch ich habe Angst davor, was als Nächstes passiert. Mein Vater überlegt, ob wir Pompeji vielleicht besser verlassen sollten, aber ...

Weitere Hinweise:

Gerade nach dem Abschluss eines Lektionstextes in der Vorstunde ist dieser Einstieg ein sinnvoller Anknüpfungspunkt, um zum einen den Inhalt des Übersetzten zu wiederholen. Zum anderen fördert diese Herangehensweise aber auch die Empathie der Schüler, da ein Tagebucheintrag in der Regel Gefühle enthält, die es niederzuschreiben oder zu ergänzen gilt. Nebenbei ist eine derartige Auseinandersetzung mit einem Text ein wichtiger Schritt in Richtung Textinterpretation.

Während der Spracherwerbsphase finden sich in vielen Lateinbüchern mehrere aufeinanderfolgende Kapitel, die eine zusammenhängende Geschichte erzählen, in welchem Fall sich das Tagebuch-Schreiben besonders anbietet. Bei mehreren Protagonisten kann der Eintrag auch arbeitsteilig aus verschiedenen Perspektiven geschrieben werden.

ca. 10 Min.

Ganze Lektionstexte oder inhaltlich abgeschlossene Textteile wurden bereits übersetzt.

Schülerhefte

Durchführung:

- Ein Elfchen ist ein kurzes Gedicht, das aus elf Wörtern besteht, die in festgelegter Abfolge auf fünf Zeilen verteilt werden:
  erste Zeile – ein Wort
  zweite Zeile – zwei Wörter
  dritte Zeile – drei Wörter
  vierte Zeile – vier Wörter
  fünfte Zeile – ein Wort
- Die Schüler sollen alleine oder gemeinsam zu dem bereits bekannten Text Elfchen in deutscher oder lateinischer Sprache verfassen, die sie anschließend vor der Klasse vortragen.

Beispiele:

1. Elfchen zur tragischen Liebesgeschichte von Cephalus und Prokris (Ovid, Metamorphosen):
   error
   Procris amat
   „aura, veni!" dixit
   credula res amor est
   dolor

2. Elfchen zur Gründungssage:
   Rom
   zwei Brüder
   eine lächerliche Mauer
   die Wut so groß
   Mord

Weitere Hinweise:

Das Schreiben eines Elfchens fördert die Kreativität und fordert die Konzentration auf das Wesentliche eines Textes, da insgesamt nur elf Wörter verwendet werden dürfen.

Die Schüler haben einen Teil des Textes bereits übersetzt.

Schülerhefte für Notizen

Durchführung:

- Die Schüler paraphrasieren im Unterrichtsgespräch den bereits übersetzten Textabschnitt.
- Der Lehrer gibt den Schülern die Aufgabe, die Geschichte weiterzuerzählen.
- Bei Originalliteratur können dabei zur Vorentlastung einzelne lateinische Wörter oder Phrasen vorgegeben werden, die im weiteren Verlauf des Originaltextes vorkommen. Diese lateinischen Vokabeln sollen dann in der deutschen Weitererzählung der Schüler enthalten sein.

Beispiel:

Caesar, De Bello Gallico 3, 1, 1–2

Servius Galba und die zwölfte Legion wollen in dem kleinen gallischen Dorf Octodurus überwintern, während sich Caesar selbst auf dem Weg nach Italien befindet.

acciderat, ut *iniquitas loci* *consilio convocato*

Weitere Hinweise:

Durch die Vorgabe von Vokabeln oder Phrasen können schwierige lateinische Texte vorentlastet werden. Da die Schüler diese Wörter in den Kontext ihrer Weitererzählung einbinden müssen, werden sie bereits gelernt und das Übersetzen wird vereinfacht.

Auch jüngeren Lateinschülern macht es viel Spaß, fantasievolle Weitererzählungen zu erfinden. Ein spontanes Sammeln verschiedener Schülerideen im Unterrichtsgespräch kann innerhalb weniger Minuten erfolgen.

Schüler sind mit einem geeigneten Text vertraut.

keine besonderen Materialien erforderlich

Durchführung:

- Aufgabe der Schüler ist es, in Partner- oder Gruppenarbeit den Lektionstext in einer vorgegebenen Zeit szenisch umzusetzen.
- Dabei können Vorgaben zur Art der Umsetzung gemacht werden: Möglichkeiten sind ein Standbild zu einer bestimmten Stelle, das Nachspielen eines Dialogs oder das Interview eines Protagonisten.
- Nach der Arbeitsphase werden einige Umsetzungen im Plenum vorgestellt.

Beispiele:

1. Nach einem Text über römische Speisen könnte ein Standbild zur Sitzordnung bei einer römischen *cena* nachgestellt werden.
2. Nach einem Text zum Vesuvausbruch könnte der Dialog entsprechend „angsterfüllt" nachgespielt werden.
3. Im Themenbereich Philosophie könnte Sokrates zu der von ihm herbeigeführten Sokratischen Wende interviewt oder es könnte ein Sokratischer Dialog simuliert werden.

Weitere Hinweise:

Dieser Einstieg gibt den Schülern die Möglichkeit, sich kreativ mit dem behandelten Text auseinanderzusetzen. Die Unterschiede und Gemeinsamkeiten in den Umsetzungen der Schüler wiederum dienen als Interpretationsansätze.

3.10 Fragmente

Schüler haben sich mit einem längeren, komplexen lateinischen (Original-)Text auseinandergesetzt.

Teile des lateinischen Textes auf einzelnen Folienstücken

Durchführung:

- Der Lehrer zeigt den Schülern unsortierte Folienschnipsel mit dem zerstückelten lateinischen Text.
- Die Schüler sollen nun die einzelnen Textstücke in die richtige Reihenfolge sortieren. Dabei können einzelne Schüler die Folienschnipsel in die richtige Reihenfolge schieben. Alternativ werden die einzelnen Schnipsel mit beliebigen Nummern versehen, sodass alle Schüler selbst die richtige Reihenfolge der Textfragmente herausfinden können.
- Sobald der Text vollständig in der richtigen Reihenfolge erscheint, kann der gesamte Inhalt gemeinsam wiederholt werden.

Beispiel:

Catull, c. 5:

Soles occidere et redire possunt: 1

Vivamus, mea Lesbia, atque amemus
rumoresque senum severiorum
omnes unius aestimemus assis! 2

Da mi basia mille, deinde centum, 3
dein mille altera, dein secunda centum,
deinde usque altera mille, deinde centum!

Nobis cum semel 4
occidit brevis lux,
nox est perpetua una
dormienda.

Dein, cum milia multa fecerimus, 

cum tantum sciat esse basiorum. 

conturbabimus illa, ne sciamus 7
aut ne quis malus invidere possit,

Lösung: 2 – 1 – 4 – 3 – 5 – 7 – 6

Weitere Hinweise:

Da das Sortieren der Fragmente gerade bei einfacheren Textstücken nicht schwerfällt, bietet sich dieser Einstieg vor allem für komplexere und längere Texte an, sodass die Schüler sich intensiver mit den Teilen auseinandersetzen müssen. Der Text sollte so gestückelt werden, dass die einzelnen Fragmente Sinneinheiten bilden. Alternativ ist eine Trennung von Haupt- und Nebensätzen denkbar, sodass die Schüler neben inhaltlichen Aspekten auch nach grammatikalischen Strukturen sortieren müssen.

Die Schüler werden so darin geschult, schnell einzelne lateinische Textteile zu paraphrasieren und in den Gesamtzusammenhang einzuordnen. Zusätzlich müssen sie den Aufbau des Gesamttextes verstanden haben. Lateinschüler, die mit der Komplexität der Originalliteratur größere Schwierigkeiten haben, können bei einfacheren Sortierungsaufgaben Erfolge erzielen.

Schüler sind mit lateinischen Präpositionen vertraut.

vorbereitetes Diktat, Schülerhefte, Tafel oder Folie

Durchführung:

- Der Lehrer liest einen vorbereiteten Text vor, in dem Dinge beschrieben und durch Präpositionen zueinander in Beziehung gesetzt werden.
- Die Schüler sollen nach den lateinischen Anweisungen ein Bild malen.
- Zur Verbesserung malt entweder ein Schüler auf Folie oder an einer Tafelrückseite mit.
- Nach zwei Lese-Durchgängen wird im Plenum verbessert.

Beispiel:

In campo villa est. Equus ad villam properat. Arbor ante villam est. In villam servae cum servis currunt. Laeti sunt. Sol in caelo ardet. Usw.

Weitere Hinweise:

Was Schüler aus den modernen Fremdsprachen gewohnt sind, geht auch im Lateinischen: eine Hörverstehensübung, wenn auch auf sehr einfachem Niveau. Gerade die Präpositionen, die häufig Schwierigkeiten bereiten, können mithilfe dieses Einstiegs auf spielerische Weise trainiert werden. Das eigene Zeichnen der Beziehungen, die die Präpositionen ausdrücken, unterstützt dabei zusätzlich den Lernprozess. Erfahrungsgemäß schätzen besonders Unterstufenklassen eine kreative Aktivität wie diese im Unterricht.

3.12 *Nubes verborum* – Wortwolke

ca. 3 Min.

Schüler sind mit verwendeten Wörtern überwiegend vertraut.

Folie mit vorbereiteter Wortwolke von bereits übersetztem lateinischem Text

Durchführung:

- Der Lehrer macht die Wortwolke für alle Schüler sichtbar.
- Die Schüler suchen sich jeweils ein Wort aus, nennen es und ordnen es im Plenum in den Kontext des übersetzten Textes ein.
- Nach und nach wird so der Text gemeinsam inhaltlich wiederholt.

Beispiel:

Wortwolke erzeugt aus der Anfangspassage von Caesars „De Bello Gallico“:

Weitere Hinweise:

Eine Wortwolke lässt sich selbst nach eigener Schwerpunktsetzung erstellen; schneller geht es allerdings mit der Internetseite www.wordle.net. Dort fügt man den entsprechenden Text in ein vorgegebenes Feld ein und in Sekundenschnelle wird eine Wortwolke erstellt. Je öfter ein Wort im Text erwähnt wird, desto größer erscheint es in der Wortwolke.

Neben der inhaltlichen Rekapitulation des Textes werden so aktueller wie bereits gelernter Wortschatz kontextgebunden wiederholt.

keine besonderen Voraussetzungen

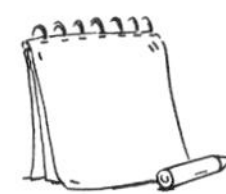

antike oder moderne „stumme" Karte des Mittelmeerraums auf Folie, Liste mit bedeutsamen Orten und Sehenswürdigkeiten der Antike, zwei kleine Spielsteine, durchsichtiges Lineal

Durchführung:

- Der Lehrer zeigt den Schülern eine antike oder moderne Karte des gesamten Mittelmeerraums, auf welcher keine Orte und Regionen verzeichnet sind.
- Der Lehrer stellt den Schülern eine „Wo liegt's?"-Frage, z. B. „Wo liegt Tomi?", „Wo liegt Lesbos?", „Wo befindet sich der Tempel der Artemis (eines der sieben Weltwunder)?"
- Ein Schüler, der die richtige Antwort zu kennen glaubt, stellt einen Spielstein auf die Stelle der Karte, wo sich seiner Meinung nach der Ort/die Sehenswürdigkeit befindet.
- Der Lehrer markiert mit dem zweiten Spielstein die richtige Lage auf der Karte.
- Der Abstand der zwei Spielsteine kann nun mit dem Lineal gemessen werden.

© Peter Hermes Furian/fotolia

Weitere Hinweise:

Es kann vorab festgelegt werden, wie viele „Wo liegt's?"-Fragen gestellt werden. Die jeweiligen Abstände der beiden Spielfiguren werden dann aufsummiert und in einer Liste notiert. Bei der nächsten Runde „Wo liegt's?" soll der Gesamtabstand unterboten werden.

Die Liste der als bekannt vorausgesetzten Orte kann im Unterricht gemeinsam erstellt und immer wieder aktualisiert werden.

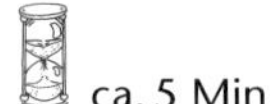
ca. 5 Min.

Schüler kennen die römischen Zahlen.

Chronogramm auf Folie

Durchführung:

- Ein Chronogramm ist meist eine Inschrift, bei der alle Buchstaben, die zugleich römische Zahlensymbole (I, V, X, L, C, D, M) sind, aufsummiert eine Jahreszahl ergeben, die in Bezug zur Aussage des Textes steht. Diese Zahlenbuchstaben können dabei grafisch hervorgehoben werden.
- Der Lehrer zeigt den Schülern ein solches Chronogramm.
- Die Schüler versuchen, herauszufinden, auf welche Jahreszahl der Text Bezug nimmt.
- Die Inschrift kann übersetzt oder in Übersetzung angegeben werden.

Beispiel:

*habe**MV**s papa**M*** = MVM

Ein Chronogramm zur Wahl des Papstes Benedikt XVI. im Jahr 2005 (M + V + M = 2005).

Weitere Hinweise:

Es finden sich viele originale Chronogramme im Internet (über Google-Suche). Mit einem Online-Assistenten (http://www.begeistert.info/chronogramm/chronogramm.php) können auch eigene Chronogramme in deutscher oder lateinischer Sprache erstellt werden.

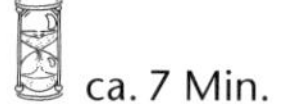

Schüler sind mit den verwendeten Begriffen vertraut.

Tafel

Durchführung:

- Zwei Zweier-Teams spielen gegeneinander und gehen zunächst vor die Tür.
- Die Klasse überlegt sich fünf Begriffe, die sich die beiden Zweier-Teams erklären müssen, notiert diese an der Tafel und verdeckt sie mit einer Tafelseite.
- Das erste Team kommt wieder in das Klassenzimmer. Einer der beiden Spieler steht mit dem Gesicht zur Tafel und muss nun seinem Team-Kollegen, der auf dem „heißen Stuhl" mit dem Rücken zur Tafel sitzt, die Begriffe von der Tafel erklären.
- Für jeden innerhalb von einer Minute erratenen Begriff gibt es einen Punkt.
- Anschließend darf das zweite Team sein Glück versuchen.

Beispiele:

1. Mögliche Begriffe für das einfache Sprachniveau: Retiarius, Aquädukt, Augustus, romanische Sprachen, Basilika usw.

2. Mögliche Begriffe für das fortgeschrittene Sprachniveau: Metamorphose, Proömium, Conclusio, Hendiadyoin, Sokratische Wende usw.

Weitere Hinweise:

Der Lehrer kann die Auswahl der Begriffe auch lenken, indem er diese auf einen bestimmten Bereich, wie z. B. Philosophie oder Stilmittel, eingrenzt. Der Wettbewerbscharakter und die oft sehr kreativen Erklärungsversuche tragen zur Festigung und Wiederholung wichtigen Grundwissens des Lateinunterrichts bei.

ca. 5 Min.

Schüler kennen die Besonderheiten des klassisch lateinischen Alphabets (C = G und V = U) und haben bereits einige Hintergrundinformationen zur Antike erworben.

Tafel

Durchführung:

- Der Lehrer notiert an der Tafel das klassische lateinische Alphabet: A B C (= G) D E F H I K L M N O P Q R S T V (= U) X.
- Der Lehrer nennt eine Kategorie, z. B. Antikes in unserer modernen Welt, die Lebenswelt der Griechen und Römer, Politik, Krieg und Kriegsführung, Religion, antike Literatur und Philosophie.
- Die Schüler suchen nun deutsche oder lateinische Begriffe und Phrasen, die zu den Anfangsbuchstaben und zur Kategorie passen.
- Ziel ist es, für jeden Anfangsbuchstaben einen passenden Begriff zu finden. Die Suche muss nicht in alphabetischer Reihenfolge sein. Die Begriffe können an der Tafel festgehalten oder bereits genannte Buchstaben können durchgestrichen werden.

Beispiel:

Kategorie: Antike Literatur und Philosophie

Akademie, ***b****ibliotheca,* ***c****arpe diem* oder ***g****loria,* **D**emokrit, **E**pigramm, **F**asti usw.

Schüler kennen verschiedene historische Persönlichkeiten, antike Götter und mythologische Figuren.

Namenskarten, Klebeband

Durchführung:

- Ein freiwilliger Schüler tritt vor die Klasse und bekommt vom Lehrer eine Karte zugewiesen, ohne diese selbst zu sehen. Darauf steht der Name einer bekannten antiken Persönlichkeit (mythologische Figur, Gott/Göttin, historische Person).
- Je nach Größe der Klasse kann diese Karte auf die Stirn des Freiwilligen geklebt oder verdeckt in der Klasse herumgereicht werden, sodass jeder Mitschüler weiß, welche Persönlichkeit gesucht wird.
- Der Schüler muss nun durch kluge Ja/Nein-Fragen herausfinden, welche Persönlichkeit er ist.
- Einzelne Schüler oder die ganze Klasse antworten: „*Ita est!*" oder „*Non es.*"

Beispiel:

Auf dem Namenskärtchen steht: **Aeneas**.

Schüler: „Bin ich ein Mann?" – Klasse: „*Ita est!*"
Schüler: „Hatte ich eine bekannte Frau?" – Klasse: „*Ita est!*"
Schüler: „Bin ich weit gereist?" – Klasse: „*Ita est!*"
Schüler: „Bin ich Julius Caesar?" – Klasse: „*Non es.*"
Usw.

Weitere Hinweise:

Da im Unterricht immer wieder einzelne historische Persönlichkeiten, mythologische Figuren oder antike Götter im Vordergrund stehen, können nach Abschluss jeder Sequenz zu den verschiedenen Personen Namenskarten mit kurzen Steckbriefen auf der Rückseite angefertigt werden. Diese Namenskarten werden in einer „*Quiz sum?*"-Box aufbewahrt. Im Laufe eines Schuljahrs können so immer wieder „*Quiz sum?*"-Runden gespielt werden, wobei die Schüler aus dem angesammelten Fundus zufällig eine Karte ziehen. Antworten auf interessante Fragen, die mit dem momentanen Wissensstand der Schüler nicht beantwortet werden können, sollen im Internet recherchiert und auf den Steckbriefen ergänzt werden.

Schüler sind mit dem vorgegebenen Themengebiet vertraut.

Schülerhefte

Durchführung:

- Der Lehrer nennt ein Thema.
- Aufgabe der Schüler ist es, innerhalb von zwei bis drei Minuten ein maximal ein- bis zweiminütiges Kurzreferat zum vorgegebenen Thema auf Basis ihres bereits vorhandenen Wissens vorzubereiten und sich dafür Notizen ins Heft zu machen.
- Zusätzlich kann eine bestimmte Anzahl an Fehlern eingebaut werden.
- Nach der Vorbereitungsphase werden einige Referate im Plenum vorgetragen und gegebenenfalls die Fehler von den Mitschülern identifiziert.

Beispiel:

Römische Götter, Ausschnitt mit zwei eingebauten Fehlern (fett gedruckt):

Die Römer verehrten viele verschiedene Götter aus allen Lebensbereichen. Der oberste Gott war der Göttervater Jupiter, der häufig mit einem Adler und den charakteristischen Donnerwolken (**Blitzen**) dargestellt wird. Seine Gemahlin Juno, die zugleich Zeus' Schwester ist, wird meist mit einem langen Gewand abgebildet und hat häufig einen Pfau bei sich. Mars war auch ein sehr wichtiger Gott, da er für den Frieden (**Krieg**) zuständig war. Usw.

Weitere Hinweise:

Die Erarbeitungsphase ist sehr gut für kooperatives Lernen geeignet, wenn der Lehrer ein 30-sekündiges Brainstorming in Einzelarbeit vorgibt, bevor die Partner- oder Gruppenarbeit beginnt.

Weitere mögliche Themen sind Unterhaltung in Rom, das Leben eines Gladiators, Römer auf Reisen, unterwegs in der Stadt Rom oder Frauen in Rom. Natürlich kann als Thema ein aktuell behandeltes gewählt werden. In diesem Fall ist der Einbau von Fehlern eine gute Möglichkeit, aufmerksames Zuhören zu fördern. Andererseits eignet sich die „*Oratio brevissima*" auch für die Aktivierung von Vorwissen sowie für die Wiederholung von Grundwissen.

Für Schüler mit guten bis sehr guten Lateinkenntnissen geeignet.

aktuelle Neuigkeiten aus aller Welt in lateinischer Sprache auf Folie, als Arbeitsblatt oder als Podcast

Durchführung:

- Der Lehrer zeigt den Schülern eine Meldung zu einem aktuellen weltpolitischen oder gesellschaftlichen Ereignis in lateinischer Sprache.
- Die Schüler übersetzen oder paraphrasieren und besprechen gemeinsam den Inhalt dieser Meldung.

Weitere Hinweise:

Gerade dem gymnasialen Lateinunterricht wird sogar von Lateinschülern selbst immer wieder vorgeworfen, ihm fehle der direkte Bezug zur Lebenswelt der Kinder und Jugendlichen. Aktuelle Nachrichten in lateinischer Sprache zeigen jedoch Kritikern, dass es durchaus möglich ist, lebensnahe Themen in lateinischer Sprache zu behandeln. Aktuelle Meldungen können darüber hinaus auch einen Einstieg oder eine Überleitung zu antiken lehrplanrelevanten Originaltexten bieten, z. B. weist die Berichterstattung zum Prozess gegen den südafrikanischen Paralympics-Star Oscar Pistorius zahlreiche Parallelen zu der Erzählung von Cephalus und Procris in Ovids „Metamorphosen" auf.

Aktuelle Nachrichten in lateinischer Sprache im Wochen- oder Monatsrückblick mit deutscher Übersetzung finden sich zum Beispiel auf der entsprechenden Seite von Radio Bremen (http://www.radiobremen.de/rss/lateinarchiv108.html). Im Archiv können auch ältere Nachrichtenmeldungen aufgerufen werden. Die Seite des finnischen Radiosenders Yleisradio und eine Seite des Vatikans bieten ebenfalls aktuelle News in lateinischer Sprache an.

keine besonderen Voraussetzungen

Liedtexte auf Folie

Durchführung:

- Der Lehrer macht für die Schüler den Text eines der Melodie nach bekannten Liedes mit lateinischem Text sichtbar.
- Im Plenum wird gemeinsam gesungen.

Weitere Hinweise:

Ein weiterer Einstieg, um dem Vorurteil, Latein sei eine tote Sprache, die man nicht sprechen oder gar singen kann, entgegenzuwirken: Gerade Unterstufenklassen sind – bei gegebenem Anlass – immer für ein Geburtstagsständchen in drei Sprachen (Deutsch: „Zum Geburtstag viel Glück", Englisch: „Happy Birthday", Latein: *„Semper felix tu sis"*) zur altbekannten Melodie zu begeistern.

Zahlreiche Anregungen für – teils auch moderne – Songs wie „Yesterday" von den Beatles oder „99 Luftballons" von Nena enthält das Buch *„Cantate Latine"* aus dem Reclam Verlag. Außerdem sei noch auf die Weihnachtslieder in lateinischer Sprache der Albert-Einstein-Schule Laatzen verwiesen (http://lateinstein.aes-laatzen.de/Lateinische%20Weihnachtslieder.pdf), die perfekt in eine vorweihnachtliche Lateinstunde passen.

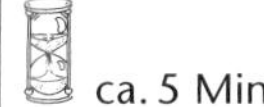

Schüler sind mit dem verwendeten Vokabular vertraut.

vorbereiteter lateinischer Dialog auf Arbeitsblatt

Durchführung:

- Der Lehrer händigt den Schülern einen gelenkten lateinischen Dialog zwischen zwei Gesprächspartnern aus.
- Die Schüler finden sich in Paaren zusammen und spielen den Dialog nach.
- Gegebenenfalls können einige Dialoge im Anschluss im Plenum vorgetragen werden.

Beispiel:

Arbeitsblatt Schüler A:

Hodie discipulus novus in schola tua est. Interroga:

Ubi vivis?

Amasne scholam?

Quis tu es?

Ut vales?

Quot annos natus/nata es?

Arbeitsblatt Schüler B:

Tu es discipulus novus. Responde:

Vivo in …

Optime./Bene./ Non male./ Male.

Schola mihi odio est./ Scholam amo.

…. annos natus/nata sum.

… sum.

Weitere Hinweise:

Erfahrungsgemäß entwickelt sich durch die engen Vorgaben tatsächlich ein Gespräch auf Latein, was für die Schüler eine neue, aber durchaus wertvolle Erfahrung ist.

Nach Belieben können weitere Anregungen der Schüler für verschiedene Gesprächssituationen aufgenommen, vom Lehrer ins Lateinische übersetzt und anschließend als gelenkte Dialoge durchgespielt werden.

keine besonderen Voraussetzungen

Folie mit vorbereitetem Thema

Durchführung:

- Der Lehrer zeigt den Schülern Beispiele, wo uns die Antike im Alltag begegnet.
- Die Schüler versuchen zunächst selbstständig, die Verbindung zur Antike herzustellen.
- Die Beispiele werden im Anschluss gemeinsam besprochen.

Beispiele:

1. Einfaches Sprachniveau: Antikes im Supermarkt (*Nivea*-Creme, Donto*dent*-Zahnpasta, *Alete*-Babygläschen, *Vita*malz)

2. Mittleres Sprachniveau: Marken- und Produktnamen und ihr antiker Ursprung (*AUDI*, VW *Phaeton*, *Fiat*, *Volvo*, Opel *Astra*)

3. Hohes Sprachniveau: Das Magazin für politische Kultur – Cicero, Karikaturen zu Europa (unter Verwendung der Metamorphose „Europa und der Stier"), griechische Benennung wissenschaftlicher Disziplinen (Biologie, Philosophie, Geografie usw.), Liedtexte und ihre antiken Quellen (z. B. „Icarus" von Bastille)

Weitere Hinweise:

Dieser Einstieg gibt eine eindeutige Antwort auf die Lateinlehrern häufig gestellte Frage „Latein – wozu brauche ich das denn?". Glücklicherweise ist es aber aufgrund der Allgegenwärtigkeit der Antike im Alltag nicht schwer, den Schülern zu beweisen, dass Latein alles andere als tot ist.

keine besonderen Voraussetzungen

vorbereitete Realien

Durchführung:

- Der Lehrer zeigt den Schülern Realien aus der antiken Lebenswelt.
- Die Schüler dürfen diese gegebenenfalls anfassen und/oder selbst ausprobieren.
- Im Plenum wird besprochen, welche Dinge heute dieselbe Funktion erfüllen und welche Vor- bzw. Nachteile es im Vergleich gibt.

Beispiele:

1. Thema Schule: Wachstäfelchen mit Griffel zum Ausprobieren als antikes Schulheft

2. Thema Vesuvausbruch: Bimsstein (in Drogerie erhältlich) zur Veranschaulichung des Bimssteinregens vor dem eigentlichen Vulkanausbruch

3. Thema römischer Alltag: Feigen als beliebtes Obst bei den Römern zum Probieren, Strigilis als Veranschaulichung antiker Hygiene, Blatt Pergament als Beispiel für antikes Papier

Weitere Hinweise:

Die Beispiele dieser „Antike zum Anfassen" kommen gerade bei jüngeren Schülern sehr gut an. Die meisten Latein-Fachschaften sind bereits mit einigen Realien ausgestattet; zur Vergrößerung des eigenen bzw. schulinternen Fundus sei die Webseite http://www.der-roemer-shop.de/ wärmstens empfohlen!

keine besonderen Voraussetzungen

Sprichwort/Redewendung/Zitat auf Latein an der Tafel oder auf Folie

Durchführung:

- Der Lehrer zeigt den Schülern ein lateinisches Sprichwort, eine Redewendung oder ein Zitat, gegebenenfalls auch in deutscher Übersetzung, das in Bezug zum aktuellen Thema steht.
- Die Schüler versuchen, die Botschaft zu verstehen und auf den aktuellen Unterrichtsstoff zu übertragen.
- Anschließend können Alltagssituationen der Schüler gesammelt werden, zu welchen das Sprichwort oder die Redewendung passen könnte.

Beispiele:

1. *Pecunia non olet.*
2. *Barba non facit philosophum.*
3. *Suum cuique.*
4. *Verba docent, exempla trahunt.*
5. *Ex nihilo nihil fit.*

Weitere Hinweise:

Es bietet sich an, die lateinischen Sprichwörter und Redewendungen schriftlich auf einer besonderen Seite im (Vokabel-)Heft festzuhalten.

Auch Sprichwörter, die keinen lateinischen Ursprung haben, aber dennoch einen Bezug zur Antike aufweisen, können verwendet werden, z. B. „Eulen nach Athen tragen" oder „Alle Wege führen nach Rom".

Wenn etwas mehr Zeit zur Verfügung steht, können die Schüler in Kleingruppen einen Dialog oder eine kurze Szene erarbeiten, in welcher das lateinische Sprichwort (oder die deutsche Entsprechung) passend eingebaut wird.

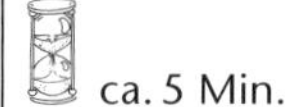

keine besonderen Voraussetzungen

vorbereitete Folie zum Thema

Durchführung:

- Der Lehrer präsentiert den Schülern ein Thema einer anderen antiken Kultur als der römischen.
- Die Schüler dürfen gegebenenfalls etwas selbst ausprobieren.
- Im Plenum wird der Vergleich zur römischen Kultur und evtl. zur heutigen Situation gezogen.

Beispiele:

1. Schreiben des eigenen Namens in griechischen oder phönizischen Buchstaben (jeweiliges Alphabet im Internet verfügbar)
2. Entziffern einfacher Wörter in ägyptischen Hieroglyphen
3. Kennenlernen der Bräuche und Sitten der Etrusker
4. Nachspielen des griechischen Verfahrens des Scherbengerichts
5. Deutung von Bildern auf griechischen Vasen
6. Kennenlernen der griechischen Götter

Weitere Hinweise:

In der Rolle als Botschafter antiker Kultur im Allgemeinen bietet sich für den Lateinlehrer hier natürlich die Zusammenarbeit mit der Fachschaft Geschichte an. Für weitere Anregungen seien außerdem die Veröffentlichungen des Auer Verlags zum Thema Antike genannt, so z. B. „Stationentraining Ägypten", „Stationentraining Griechenland" oder „Alte Geschichte auf einen Blick".

keine besonderen Voraussetzungen

weißes Papier und Stifte

Durchführung:

- Der Lehrer gibt den Schülern ein Thema vor, das noch nicht im Unterricht behandelt wurde.
- Die Schüler sollen nun ihr Vorwissen oder ihre Ideen bildlich darstellen.
- Anschließend können alle Bilder (je nach Klassengröße) ausgestellt und gemeinsam betrachtet werden. Die Klasse darf dem jeweiligen Künstler Fragen stellen.

Beispiele:

1. Male einen Philosophen/Feldherren/römischen Kaiser/Soldaten!
2. Male einen Römer/Gallier/Germanen/Ägypter!
3. Skizziere ein dir bekanntes römisches Gebäude!
4. Skizziere eine Szene aus der römischen Geschichte!
5. Male ein modernes und ein antikes Unterhaltungsmedium!
6. Zeichne eine dir bekannte historische oder mythologische Figur so, dass sie von den anderen eindeutig erkannt werden kann!

Weitere Hinweise:

Gerade in heterogenen Klassen mit verschiedenartigen Interessen und unterschiedlichem Vorwissen kann das Malen eine gute Lösung für alle Kinder sein. So können die Kinder, die bereits viel zu einem Thema wissen, ihr Vorwissen anwenden und präsentieren. Gleichzeitig werden die Kinder mit weniger Vorwissen motiviert, sich gedanklich mit einem Thema auseinanderzusetzen.

Nachdem im Unterricht Einzelheiten besprochen wurden, können die Kinder ermutigt werden, Details auf ihren Bildern zu ergänzen.

Besonders im Kontext Philosophie geeignet.

keine Materialien notwendig

Durchführung:

- Der Lehrer gibt den Schülern einen Satzanfang oder ein Thema vor, zu welchem sie sich Gedanken machen sollen.
- In einer ersten Phase (*think*) überlegt sich jeder Schüler eine eigene Haltung oder Meinung.
- In einer zweiten Phase (*pair*) tauschen die beiden Banknachbarn ihre Gedanken aus.
- In der dritten Phase (*share*) können freiwillige Schüler ihre Überlegungen mit dem Rest der Klasse teilen, wobei ganz nach Ciceros philosophischem Grundsatz verfahren werden sollte: *„Sed defendat, quod quisque sentit; sunt enim iudicia libera."* (Cicero, Tusc. IV, 3)

Beispiel:

1. Begriffe erklären: Was ist Glück?
2. Philosophisches Nachdenken: Gerechtigkeit bedeutet für mich …
3. Gedankenexperimente („Was wäre, wenn (nicht)"-Kombinationen):
   Was wäre, wenn ich vor 2000 Jahren geboren worden wäre?
   Was wäre, wenn Caesar den Rubikon nicht überschritten hätte?
4. Bildhafte Vergleiche/Metaphern finden: Freundschaft ist wie …

Weitere Hinweise:

Durch die Anregung zum Nachdenken über bestimmte Themen und das anschließende Teilen der eigenen Gedanken und Positionen tauchen die Schüler in die Welt der alten Römer und Griechen ein. Sie können erfahren, dass bestimmte Fragestellungen auch heute noch aktuell sind. Philosophische Gedankenspiele fördern zahlreiche Fähigkeiten, wie z. B. analytisches, synthetisches, kritisches, kreatives und reflektierendes Denken, Bereitschaft zur Perspektivenübernahme, Toleranz und Akzeptanz, sich eine eigene Meinung zu bilden und diese zu vertreten.